道理学理哲理·党的创新理论研究阐释丛书

董振华 主编

# 斗争精神

徐国亮 著

# 目　录

总序　活学活用习近平新时代中国特色社会主义思想
　　　活的灵魂 ／ i

## 第一章　实现中华民族伟大复兴，必须进行伟大斗争 ／ 1

　　一、坚持和发展中国特色社会主义，必须进行伟大
　　　　斗争 ／ 2

　　二、全面推进党的建设新的伟大工程，必须进行伟大
　　　　斗争 ／ 7

　　三、开启社会主义现代化国家新征程，必须进行伟大
　　　　斗争 ／ 12

　　四、自觉维护人民利益，必须进行伟大斗争 ／ 17

　　五、自觉维护我国主权安全发展利益，必须进行伟大
　　　　斗争 ／ 23

　　六、自觉防范各种风险挑战，必须进行伟大斗争 ／ 28

## 第二章　发扬斗争精神的理论基础　/ 34

　　一、斗争精神体现了马克思主义的实践本性　/ 35

　　二、斗争精神植根于中华优秀传统文化　/ 44

　　三、斗争精神源自马克思主义政党的理论品格　/ 55

## 第三章　敢于斗争是我们党的鲜明品格　/ 66

　　一、敢于斗争是党和人民不可战胜的强大精神力量　/ 67

　　二、党的百年奋斗史就是一部伟大斗争史　/ 78

　　三、依靠顽强斗争打开事业发展新天地　/ 89

## 第四章　始终坚持坚定的斗争原则　/ 100

　　一、要坚持党的领导原则　/ 100

　　二、要坚持人民至上原则　/ 106

　　三、要坚持独立自主原则　/ 113

　　四、要坚持实事求是原则　/ 120

## 第五章　掌握斗争的艺术善于斗争　/ 125

　　一、把握重点，抓住主要矛盾和矛盾的主要方面　/ 125

　　二、合理选择斗争方式　/ 136

　　三、团结一切可以团结的力量，调动一切积极因素　/ 145

## 第六章　斗争本领不是与生俱来的　/ 155

　　一、在思想淬炼中夯实理论根基　/ 156

二、在政治历练中站稳政治立场 / 163

三、在实践锻炼中积累斗争经验 / 170

四、在专业训练中提高能力水平 / 180

## 第七章　做敢于斗争、善于斗争的战士 / 191

一、在大是大非面前敢于亮剑 / 191

二、在矛盾冲突面前敢于迎难而上 / 200

三、在危机困难面前敢于挺身而出 / 208

四、在歪风邪气面前敢于坚决斗争 / 216

后　记 / 224

总　序

# 活学活用习近平新时代中国特色社会主义思想活的灵魂

党的二十大报告指出："马克思主义是我们立党立国、兴党兴国的根本指导思想。实践告诉我们，中国共产党为什么能，中国特色社会主义为什么好，归根到底是马克思主义行，是中国化时代化的马克思主义行。拥有马克思主义科学理论指导是我们党坚定信仰信念、把握历史主动的根本所在。"习近平新时代中国特色社会主义思想是当代中国马克思主义、21世纪马克思主义，是中华文化和中国精神的时代精华，实现了马克思主义中国化新的飞跃。用习近平新时代中国特色社会主义思想武装头脑、指导实践、推动工作，是做好一切工作的重要前提。学懂弄通做实习近平新时代中国特色社会主义思想，至关重要的是要系统掌握贯穿于这一科学理论中的世界观和方法论，用以指导解决改造客观世界和主观世界的实际问题，不断推进和拓展中国式现代化。

## 一、坚持格物致知，不仅要知其然，更要知其所以然

真学、真懂、真信、真用习近平新时代中国特色社会主义思想，不仅要知其然，更要知其所以然。这个"所以然"，最主要的就是习近平新时代中国特色社会主义思想所蕴含的马克思主义基本立场观点方法。如果不能够完整、系统、深刻地把握习近平新时代中国特色社会主义思想所蕴含的马克思主义立场观点方法，那么，我们就不能真正领悟21世纪马克思主义的精髓要义，也就不能够活学活用习近平新时代中国特色社会主义思想，并以此指导实践和推动工作。

作为当代中国马克思主义、21世纪马克思主义，习近平新时代中国特色社会主义思想既坚守了马克思主义的基本立场观点方法，与马克思列宁主义、毛泽东思想、邓小平理论、"三个代表"重要思想、科学发展观一脉相承，又坚持和运用马克思主义的立场观点方法观察时代、分析问题和解决问题，提出一系列治国理政新理念新思想新战略，实现了马克思主义中国化时代化新的飞跃。深入理解和把握习近平新时代中

国特色社会主义思想,不能浅尝辄止,必须坚持格物致知,做到知其然更知其所以然,既要搞清楚其一脉相承的"脉",也要搞清楚其与时俱进的"进"。唯有如此,我们才可以从根本上把握好推进马克思主义中国化时代化的守正创新之道。马克思主义是非常朴实的道理,其核心价值追求就是人类解放,其基本内在逻辑就是唯物辩证法,其首要基本观点就是实践观点,三者共同统一于共产党人造福人民的伟大革命实践中。

马克思主义一脉相承的"脉",是马克思主义唯物辩证法的逻辑和追求人类解放的价值在具体历史实践中的统一,是马克思主义具体历史形态和民族形态"万变不离其宗"的"道理",也就是马克思主义的基本立场观点方法。与时俱进的"进"是针对具体时代课题,坚持马克思主义的基本立场观点方法,创造性地分析和解决具体问题得出的具体结论。这些具体结论虽然具有一定的历史性、民族性、条件性等具体适用性,但是其中的基本价值、内在逻辑和理论品格是一以贯之的,万变而不离其宗。如果离开这个"道理",就是离经叛道,无论是打着创新或者发展的名义还是其他什么口号,实际上都是背离、背叛或者歪曲了马克思主义。

马克思主义从来都不是抽象的理论,而是具体的、鲜活的和发展的理论。习近平新时代中国特色社会主义思想，作为马克思主义中国化的最新成果、当代中国马克思主义、21世纪马克思主义，遵循马克思主义人类解放的核心价值、唯物辩证法的基本逻辑、直面问题的实践观点，坚持人民至上的根本立场，坚持守正创新的与时俱进，坚持自信自立的独立自主，坚持问题导向的实践观点，坚持系统观念的思想方法，坚持胸怀天下的人类情怀，把辩证唯物论、唯物辩证法和人民价值论统一到中国特色社会主义伟大实践之中，立足于中国特色社会主义进入新时代的历史方位，基于我国社会主要矛盾变化所带来的一系列新的时代课题，具体问题具体分析，创造性地解决实际问题，旨在实现社会主义现代化和中华民族伟大复兴的中国梦，在改革发展稳定、内政外交国防、治党治国治军等方方面面提出一系列新的思路、新的战略、新的举措，形成了完整系统的科学理论体系，开辟了马克思主义的新境界。

## 二、坚持得意忘言，不仅要知其言，更要知其义

世界观和方法论是统一的，有什么样的世界观，

就有什么样的方法论。正如毛泽东同志所指出的,"世界本来是发展的物质世界,这是世界观;拿了这样的世界观转过来去看世界,去研究世界上的问题,去指导革命,去做工作,去从事生产,去指挥作战,去议论人家长短,这就是方法论,此外并没有别的什么单独的方法论"。把马克思主义的世界观用于认识和改造世界,就是马克思主义的方法论。习近平新时代中国特色社会主义思想,坚持马克思主义立场观点方法和科学社会主义基本原理,把马克思主义基本原理与中国具体实际相结合、与中华优秀传统文化相结合,坚持人民至上、自信自立、守正创新、问题导向、系统观念、胸怀天下,全面系统回答了新时代坚持和发展中国特色社会主义的一系列重大理论和实践问题,为马克思主义中国化时代化作出了原创性贡献,为我们党和人民认识世界、改造世界提供了强大思想武器,是坚持和运用辩证唯物主义和历史唯物主义的光辉典范。《庄子·外物》有言:"言者所以在意,得意而忘言。"把握好习近平新时代中国特色社会主义思想的世界观和方法论,必须坚持得意忘言,不仅要知其言,更要知其义。

把握好习近平新时代中国特色社会主义思想的世界观和方法论,就要牢牢把握贯穿其中的根本价值立场。人类解放是马克思主义的核心价值追求，人民立场是中国共产党的根本政治立场。人民性是马克思主义的本质属性，作为马克思主义执政党，我们的理论和实践都必须要扎根人民、为了人民、造福人民。坚持人民至上，是习近平新时代中国特色社会主义思想的价值原点，充分体现了马克思主义的核心价值追求，包含了对中国特色社会主义价值取向、发展动力的科学回答和阐述，是对马克思主义唯物史观的创造性运用。坚持自信自立，就要一切为了人民、一切依靠人民，既不走封闭僵化的老路，也不走改旗易帜的邪路，坚定不移走共同富裕的中国式现代化之路。坚持守正创新，就要站稳人民立场、把握人民愿望、尊重人民创造、集中人民智慧，形成为人民所喜爱、所认同、所拥护的理论。坚持问题导向，就要着力解决发展不平衡不充分问题和人民群众急难愁盼问题，推动人的全面发展、全体人民共同富裕取得更为明显的实质性进展。坚持系统观念，就要将广大人民群众的根本利益、全局利益、长远利益作为着力点，以满足人民日益增长的美好生活需要为根本目的进行战略谋划和系统推进。坚持胸怀天下，就不仅要为中国人民谋幸福、为中华民族谋复兴，也要为人类谋进步、为世界谋大同，充分体现马克思主义解放人类的价值理想。

## 总　序

把握好习近平新时代中国特色社会主义思想的世界观和方法论，就要牢牢把握贯穿其中的唯物辩证法。唯物辩证法是我们观察世界、判断形势、认识问题的基本方法，也是习近平新时代中国特色社会主义思想所贯穿的根本方法论。习近平总书记指出："唯物辩证法认为，事物是普遍联系的，事物及事物各要素相互影响、相互制约，整个世界是相互联系的整体，也是相互作用的系统。坚持唯物辩证法，就要从客观事物的内在联系去把握事物，去认识问题、处理问题。"坚持人民至上，就要统筹兼顾全局和局部、当前和长远、重点和非重点等各个方面的利益关系，让发展的成果更加全面、更加公平、更加长久地惠及全体人民。坚持自信自立，就要坚持和运用马克思主义的立场观点方法独立自主地解决自己的问题，把国家和民族发展放在自己力量的基点上，充分体现马克思主义具体问题具体分析的活的灵魂。坚持守正创新，就要坚持守正和创新辩证统一，既要守马克思主义基本立场观点方法之"正"，又要创中国化时代化的马克思主义之"新"，既确保正确方向，又不封闭僵化。坚持问题导向，就要承认矛盾的普遍性、客观性，要善于把认识和化解矛盾作为打开工作局面的突破口。坚持系统观念，就要善于通过历史看现实、透过现象看本质，把握好全局和局部、当前和长远、宏观和微观、主要矛盾和次要矛盾、特殊和一般的关系，不断提高战略思维、历史思维、辩证思维、系统思维、创新思维、法治思维、底线思维能力，为前瞻性思考、全局性谋划、整体性推进党和国家各项事业提供科学思想方法。坚持胸怀天下，就必须统筹国内国际两个大局，既要为我国改革发展稳定争取良好外部条件，又要维护世界和平稳定、促进共同发展，共同创造人类的美好未来。

把握好习近平新时代中国特色社会主义思想的世界观和方法论，就要牢牢把握贯穿其中的实践观点。实践的观点、生活的观点是马克思主义首要的基本的观点，实践性是马克思主义理论区别于其他理论的显著特征。习近平新时代中国特色社会主义思想同样具有实践性、时代性、创造性的鲜明品格，是从新时代中国特色社会主义全部实践中产生的理论结晶，是推动新时代党和国家事业不断向前发展的科学指南。坚持人民至上，不是抽象的而是具体的、实践的，必须坚持全心全意为人民服务，始终致力于改善民生、增进人民福祉、为人民谋幸福，将实现最广大人民的根本利益作为党一切行动的出发点和落脚点。坚持自信自立，就要坚定中国特色社会主义道路自信、理论自信、制度自信、文化自信,在中国特色社会主义的伟大实践中不断提高我国社会生产力发展水平和人民生活水平,使我国社会主义制度的优越性不断显现和丰富起来,使中国特色社会主义道路越走越宽广。坚持守正创新,就要坚持对马克思主义的坚定信仰、对中国特色社会主义的坚定信念,以更加积极的历史担当和创造精神,为坚持、发展和运用马克思主义作出新的贡献。坚持问题导向,就要增强问题意识,聚焦实践遇到的新问题、改革发展稳定存在的深层次问题、人民群众急难愁盼问题、国际变局中的重大问题、党的建设面临的突出问题,不断提出真正解决问题的新理念新思路新办法。坚持系统观念,必须统筹兼顾、综合施策,既以目标为着眼点,又以问题为着力点,加强前瞻性思考、全局性谋划、战略性布局、整体性推进,统筹推进"五位一体"总体布局、协调推进"四个全面"战略布局,更好推动党和国家事业发展。坚持胸怀天下,就要始终坚持维护和平、促进共同发展的外交政策宗旨,以实际行动致力于推动构建人类命运共同体。

实践没有止境,理论创新也没有止境。我们要突破前人,后人也必然会突破我们,这是社会前进的必然规律。马克思主义是随着时代、实践、科学发展而不断发展的开放的理论体系，它并没有结束真理，而是开辟了通向真理的道路。中国特色社会主义还会往前走，还会有很多新的理论、新的发展，我们要把坚持马克思主义和发展马克思主义统一起来，结合新的实践不断作出新的理论创造。学习贯彻习近平新时代中国特色社会主义思想党的创新理论，就要深刻理解把握其世界观和方法论，坚持好、运用好贯穿其中的立场观点方法，深入领会坚持人民至上、坚持自信自立、坚持守正创新、坚持问题导向、坚持系统观念、坚持胸怀天下的道理学理哲理，做到知其言更知其义，切实把党的创新理论贯彻落实到党和国家工作各方面全过程。

## 三、坚持知行合一，不仅要知其道，更要行其道

"知而不行，只是未知。"理论武装归根到底是为了掌握科学方法，有效解决问题。我们坚持以马克思主义为指导，是要运用其科学的世界观和方法论解决中国的问题，而不是要背诵和重复其具体结论和词句，更不能把马克思主义当成一成不变的教条。毛泽东同志在《整顿党的作风》中指出：我们"不应当把马克

思主义的理论当成死的教条。对于马克思主义的理论，要能够精通它、应用它，精通的目的全在于应用"。坚持用中国化时代化的马克思主义武装头脑、指导实践、推动工作，落脚点在指导实践、推动工作；学懂弄通做实，落脚点在做实。我们要牢记空谈误国、实干兴邦的道理，坚持知行合一，不仅要知其道，更要行其道，坚持科学的世界观和方法论，系统推进和拓展中国式现代化。

处理好顶层设计和实践探索的关系。推进中国式现代化涉及政治、经济、社会、文化、生态等各个领域，事关改革、发展、稳定等根本问题，涵盖治党治国治军、内政外交国防等方方面面，各个方面的关系纷繁复杂，往往牵一发而动全身，因此必须进行顶层设计，深刻洞察世界发展大势，准确把握人民群众的共同愿望，深入探索经济社会发展规律，使制定的规划和政策体系体现时代性、把握规律性、富于创造性，做到远近结合、上下贯通、内容协调。推进中国式现代化是一个探索性事业，还有许多未知领域，需要我们在实践中大胆探索，通过改革创新来推动事业发展，决不能刻舟求剑、守株待兔。既要通过顶层设计进行系统谋划、战略布局和整体推进，又要调动一切积极因素从而群策群力、积极探索和创新实践，使顶层设计与基层探索良性互动、有机结合，形成历史合力。

处理好战略和策略的关系。战略问题是一个政党、一个国家的根本性问题。中国式现代化必须坚持正确的战略方向，在根本问题上决不能出现颠覆性错误。推进中国式现代化，要增强战略的前瞻性，准确把握事物发展的必然趋势，敏锐洞悉前进道路上可能出现的机遇和挑战，以科学的战略预见未来、引领未来。要增强战略的全局性，谋划战略目标、制定战略举措、作出战略部署，都要着眼于解决事关党和国家事业兴衰成败、牵一发而动全身的重大问题。我们要增强战略的稳定性，战略一经形成，就要长期坚持、一抓到底、善作善成，不要随意改变。中国式现代化是一项伟大的具体的历史实践，必须在策略问题上落到实处，决不能纸上谈兵。我们要把战略的坚定性和策略的灵活性结合起来，灵活机动、随机应变、临机决断，在因地制宜、因势而动、顺势而为中把握战略主动。

处理好守正和创新的关系。"守正"，即坚持马克思主义基本原理不动摇，坚持党的全面领导不动摇，坚持中国特色社会主义不动摇，守好中国式现代化的本和源、根和魂，毫不动摇坚持中国式现代化的中国特色、本质要求、重大原则，确保中国式现代化的正确方向。"创新"，即顺应时代发展要求，着眼于解决重大理论和实践问题，积极识变应变求变，大力推进改革创新，提出新的思路、新的战略、新的举措，不断塑造发展新动能新优势，充分激发全社会创造活力。中国式现代化是前无古人的伟大事业，守正才能不迷失方向、不犯颠覆性错误，创新才能把握时代、引领时代。

处理好效率和公平的关系。中国式现代化是全体人民共同富裕的现代化，这是由社会主义的根本价值追求所决定的。以中国式现代化全面推进中华民族伟大复兴，我们必须坚持以人民为中心的发展思想，维护人民根本利益，增进民生福祉，推动全体人民共同富裕取得更为明显的实质性进展。中国式现代化既要创造比资本主义更高的效率，又要更有效地维护社会公平，更好实现效率与公平相兼顾、相促进、相统一。我们要处理好效率与公平的关系，不断实现发展为了人民、发展依靠人民、发展成果由人民共享，让现代化建设成果更多更公平惠及全体人民。

处理好活力与秩序的关系。中国式现代化，应该既充满活力又拥有良好秩序，呈现出活力和秩序的有机统一。秩序代表着社会的有序、和谐与稳定，而活力则蕴含社会生活的丰富多样性，是社会各群体创造力的竞相迸发和个人潜力的充分发挥，体现了人类社会进步的动力与人类文明的可持续性。这是需要我们通过深化改革与社会公平的激励机制来实现的,从而最大限度地增加和谐因素,最大限度地减少不和谐因素,最大限度地激发社会活力。同时,我们要统筹发展和安全,贯彻总体国家安全观,健全国家安全体系,增强维护国家安全能力,坚定维护国家政权安全、制度安全、意识形态安全和重点领域安全,确保发展的稳定环境。

习近平新时代中国特色社会主义思想,蕴含着丰富的马克思主义哲学智慧。习近平新时代中国特色社会主义思想,坚持马克思主义立场观点方法和科学社会主义基本原理,把历史和现实、理论和实践、国内和国际相结合相贯通,思接千载、视通万里,洞察和分析世情、国情、党情的深刻变化,全面系统回答了新时代坚持和发展中国特色社会主义的一系列重大理论和实践问题,集中体现了这一思想在马克思主义基本原理与中国具体实际相结合上的又一次飞跃,为发展马克思主义作出了原创性贡献,为我们党和人民认识世界、改造世界提供了强大思想武器,是坚持和运用辩证唯物主义和历史唯物主义的光辉典范。党员、干部特别是领导干部要认真学习和真正掌握其中所蕴含的马克思主义立场观点方法,不断提高运用中国化时代化的马克思主义分析和解决实际问题的能力，自觉用习近平新时代中国特色社会主义思想武装头脑、统一思想，凝聚力量、推动实践，以中国式现代化实现中华民族伟大复兴，真正创造出属于我们这一代人的新的奇迹。

这是一个需要理论而且能够产生理论的时代，是一个呼唤创新而且能够创新的时代，是一个能够追求真理和实践真理的时代。中国特色社会主义是前无古人的伟大事业，坚持和发展中国特色社会主义是永无止境的伟大实践，不断开辟马克思主义中国化时代化新境界和中国特色社会主义事业新局面是中国共产党人的神圣使命。我们要以科学的态度对待科学、以真理的精神追求真理，继续推进实践基础上的理论创新，把握好习近平新时代中国特色社会主义思想的世界观和方法论，坚持好、运用好贯穿其中的立场观点方法，在伟大实践中充分彰显真理的力量。作为理论工作者，系统阐释习近平新时代中国特色社会主义思想活的灵魂和精髓要义，是我们义不容辞的责任和神圣使命担当。我们深深呼吸着伟大的时代气息，怀着强烈的使命感和责任感，约请理论界知名专家学者共同研究这一重大课题，以"道理学理哲理·党的创新理论研究阐释"为主题组织编写了这套丛书，以期通过全面深刻系统学习领悟二十大精神和活学活用习近平新时代中国特色社会主义思想的活的灵魂，为坚定理想信念、掌握科学方法、凝聚磅礴伟力、推进伟大事业，尽一份绵薄之力。

董振华

中央党校（国家行政学院）哲学教研部副主任、教授

# 第一章　实现中华民族伟大复兴，必须进行伟大斗争

中华民族是一个伟大的民族，在上下五千年的历史长河中创造了辉煌灿烂的中华文明，赓续了优秀的文化基因，为人类社会的发展进步作出了卓越贡献。近代以来，中国陷入国家蒙辱、人民蒙难、文明蒙尘的苦难深渊，社会被动进入到现代化的历史进程。中国社会精英们面对日益衰亡的国家，不断为实现中华民族伟大复兴而进行着可歌可泣的斗争。中国共产党自成立时起就始终秉持着高度的历史使命感和责任感，靠着不怕牺牲、英勇不屈的斗争精神，历经新民主主义革命、社会主义革命、社会主义建设、改革开放，成功领导中国人民实现中国从"站起来""富起来"到如今"强起来"的伟大历史飞跃。回首过往，正是因为有这种伟大的斗争精神和斗争品格的指引，中国共产党才能带领中国人民从苦难走向辉煌，在一代又一代的接力奋斗之中创造人类文明奇迹，为全世界发

展提供中国智慧与中国方案。无论面对顺境还是逆境，不管成功还是失败，我们都坚强地走过来了。但是，"中国梦"绝不是轻轻松松就能实现的，当前我们正面临着一个重要的历史关头，站在新的历史起点上，不管是在政治、意识形态、经济、社会、自然界等基本领域，还是在改革、发展、稳定三者之间，都潜藏着前所未有的风险挑战与矛盾。新时代是伟大斗争的时代，这场伟大斗争就是党为实现民族伟大复兴而不懈奋斗的实践过程，我们必须充分认识到为实现复兴梦而进行的这场伟大斗争的长期性、艰巨性、复杂性，继续发扬斗争精神，持之以恒地开展具有许多新的历史特点的伟大斗争，勠力同心、锐意进取，为早日实现中华民族伟大复兴的中国梦付出更为艰苦、更为卓绝的努力。

## 一、坚持和发展中国特色社会主义，必须进行伟大斗争

没有伟大斗争，就没有伟大胜利。回顾党的百年征程，从创建中国共产党到成立中华人民共和国、探索社会主义建设、实行改革开放、推进中国特色社会主义事业，党在斗争中诞生、在斗争中成长、在斗争

中壮大。在新时代，要实现中华民族伟大复兴的梦想，就必须进行伟大斗争，这是中国共产党长期奋斗的必然结果，也是历史的选择、人民的选择、实践的选择。

"斗争精神"是中国共产党的制胜法宝，我们党依靠斗争走到今天，也必然将依靠斗争赢得未来。坚持和发展中国特色社会主义的过程，本身就是一个不断进行伟大斗争的过程。近代以来，由于西方列强的不断入侵和清王朝的腐败统治，中国逐渐陷入半殖民地半封建社会的深渊。面对日益衰亡的国家，中国人民进行了顽强抗争。但是，不管是由农民阶级发起的太平天国运动、义和团运动，还是由资产阶级领导的改良运动、资产阶级革命运动，都没能完成反帝反封建的历史任务。1921年，中国共产党应运而生。自创立之日起就义无反顾地担负着"为中国人民谋幸福，为中华民族谋复兴"这一历史使命的中国共产党，经历北伐战争、土地革命、抗日战争、解放战争等伟大斗争，最终带领中国人民在半殖民地半封建的中国推翻了"三座大山"，解决了近代中国社会的主要矛盾，建立起无产阶级专政的国家，实现了民族独立和国家主权完整。可以说，中华民族的每一次进步，都是在力图解决中国社会主要矛盾的斗争之中取得的。

新中国刚成立时，面临的是百废待兴的落后现状。

缺乏社会经济建设经验的中国共产党人，面对的是刻不容缓的社会建设进程。从以苏为师到探索自己的社会主义建设道路，中国共产党人在社会主义建设进程中遭遇过重大挫折，但他们坚持在挫折中总结经验教训，作出改革开放的重大决策，中国特色社会主义发展最终取得了巨大成就。正因敢于斗争、敢于胜利，中国共产党才能带领全国各族人民，创造出改天换地、翻天覆地的伟大奇迹。

中国特色社会主义进入新时代，中国发展面临着前所未有的历史机遇与挑战。自党的十八大以来，中国共产党立足中国具体实际，顺应时代发展要求，紧密围绕"新时代坚持和发展什么样的中国特色社会主义、怎样坚持和发展中国特色社会主义"这个重大课题，直面党面临的重大风险、严峻考验。矛盾无处不在、无时不有，在新时代继续坚持和发展中国特色社会主义注定是一项充满各种考验的艰巨历史任务，因此我们党必须团结带领人民有效应对重大风险挑战、解决重大矛盾阻力，以强烈的忧患意识保持政治清醒，以巨大的政治勇气同中国社会发展进程中的一切黑恶势力、丑恶现象、错误言论和歪风邪气等进行坚决斗争，解决许多长期想解决而没有解决的难题，使党和国家的面貌焕然一新。2020年面对突如其来的新冠疫情，中国共产党人凭借一股天不怕、地不怕的斗争精神，冲在抗击疫情的第一线。无数党员干部、基层工作者、科研专家、医务工作者等挺身而出、冲锋在前，同时间赛跑、与病毒抗争，逆行而上，以必胜的信念和坚定的决心投入到这场没有硝烟的斗争之中，为全面建成小康社会提供了坚强保障。新时代中国共产党人以实际行动表明，坚持和发展中国特色社会主义必须进行伟大斗争。

2022年7月，习近平总书记在讲话中又一次强调："中华民族伟大复兴不是轻轻松松、敲锣打鼓就能实现的，必须勇于进行具有许多新的历史特点的伟大斗争。"[①] 历史的发展是连续性与阶段性的辩证统一，社会在矛盾运动中前进，有矛盾就会有斗争。今天，革命战争年代那种烽火岁月中的生死考验少了，但是具有许多新的历史特点的伟大斗争依旧存在。当前，坚持和发展好中国特色社会主义，面对的是两个大局的相互激荡，是党领导的伟大社会革命和伟大自我革命的同步交织，斗争形势异常复杂。从国际角度来看，当前世界正处于"世纪罕见的巨变"之中，新一轮技术革命进一步引发了全球经济结构的深刻变化，世界

---

① 《高举中国特色社会主义伟大旗帜 奋力谱写全面建设社会主义现代化国家崭新篇章》，《人民日报》2022年7月28日。

多极化加快推进导致国际格局深刻调整，经济全球化潮流不可逆转，国际力量的此消彼长导致全球治理体系深刻变革，这一系列的变革导致国际安全挑战越发复杂。全球经济增长的动力不足、失衡程度日益加剧，贸易保护主义和反全球化的趋势逐渐显现，世界经济发展面临的不确定性风险日益突出。当前，越来越多的国家间博弈，区域热点的不断动荡，民族主义、单边主义等极端思想的兴起，恐怖主义、难民危机等问题的不断扩散，冷战思维和强权政治等仍旧存在，都是中国发展面临的外部挑战。从国内角度来看，党和国家的一切事业都在发生一系列的深刻变革，我们已经走过了千山万水，但是仍需要跋山涉水。当前中国正处在发展关键期、改革攻坚期、矛盾凸显期，许多问题相互交织、叠加，发展不均衡、不充分等突出问题还没有得到解决，成为满足人民美好生活需要的关键性障碍；民生方面仍有很多不足之处；社会矛盾与问题相互影响；意识形态领域的斗争依然复杂；党的建设方面还存在不少薄弱环节；等等。

在社会主义与资本主义竞相发展的世界格局中，要想进一步推动中国特色社会主义事业发展，实现中华民族伟大复兴的目标，我们必须付出更为艰巨、艰苦的努力。在坚持和发展中国特色社会主义的道路上，我们要深刻认识到国际、国内环境的复杂性所带来的新要求、新矛盾与新挑战，更加自觉地坚持党的领导和我国社会主义制度，与任何有可能阻碍中华民族复兴进程的重大风险挑战作斗争，只有这样才能使我们党、我们国家具有更加强大的战斗力，确保实现中华民族伟大复兴。

## 二、全面推进党的建设新的伟大工程，必须进行伟大斗争

古语云："天下之患，最不可为者，名为治平无事，而其实有不测之忧。坐观其变，而不为之所，则恐至于不可救。"（苏轼《晁错论》）习近平总书记在党的二十大报告中为新时代党的建设总要求指明了方向："全党必须牢记，全面从严治党永远在路上，党的自我革命永远在路上，决不能有松劲歇脚、疲劳厌战的情绪，必须持之以恒推进全面从严治党，深入推进新时代党的建设新的伟大工程，以党的自我革命引领社会革命。"[①] 推进党的建设新的伟大工程，我们必须准确把握基本的方式方法，不断总结斗争规律，增强科

---

① 习近平：《高举中国特色社会主义伟大旗帜　为全面建设社会主义现代化国家而团结奋斗——在中国共产党第二十次全国代表大会上的报告》，人民出版社2022年版，第64页。

学斗争本领，以彻底的斗争气魄，毫不动摇地把党建设得更加有力，为取得伟大斗争的胜利提供坚实保障。

回首历史岁月，我们党之所以能够脱颖而出，带领中国人民和中华民族始终走在时代前列，成为民族复兴的主心骨，根本原因不在于中国共产党能够保证永不犯错，而在于我们党始终秉持着顽强的斗争精神和不屈的斗争品格。在新民主主义革命时期，我们党先后开展了多次反对"左"倾、右倾错误的斗争；延安整风时期对党内存在的教条主义、主观主义、宗派主义进行思想斗争；新中国成立后开展各项整党整风运动，进行反贪污、反浪费、反官僚主义和清思想、清政治、清组织、清经济的各项斗争；改革开放后对政治经济体制进行调整，解放思想，与党内逐渐抬头的腐败势力斗争到底；中国特色社会主义进入新时代后，党内接续开展了"反四风"、"老虎""苍蝇"一起打的反腐败斗争，打出从严治党"组合拳"等行动。正是因为在党的建设过程中我们始终坚持与各项困难挑战斗争到底，靠着顽强拼搏的勇气和决心，实现了自身凝聚力与战斗力的提升，才成功开辟出党在新时代走好新的赶考路的必由之路。

新的历史征程上，我们面对的是正处于百年未有之大变局的世界新格局，国际国内形势的变化必然会反映到党内,使党在发展过程中凸显出一系列新的问题,这些对我们党的执政能力和水平都提出了更高的要求。在不断变化着的新形势下,要想将难啃的"硬骨头"啃下,顺利解决国家发展中的"卡脖子"问题,从而进一步突破利益固化的藩篱,最重要的就是要使党这个核心领导集体走在时代的前沿。"建设一个什么样的党、怎样建设党"始终充满着复杂且艰巨的斗争。当前,我们党面临着的"四大考验"与"四种危险"依旧存在并将长期存在,作为长期执政的马克思主义政党,无论应对哪种考验与危险,都不能丢掉马克思主义政党的鲜明本质特色,不能忘记党的初心与使命,不能丢掉党的斗争精神。

打铁必须自身硬,只有具有刀刃向内的勇气和壮士断腕的决心,才能真正办好中国自己的事情。纵观古今中外,亡党亡国的重要原因之一就是贪污腐败问题严重。无论是中国历史上的封建王朝走不出历史周期率,还是苏联解体、苏共垮台,在某种程度上来说都是贪污腐败蜕变的结果。建党百余年来,反腐倡廉建设持续开展。从建党初期的拒腐防变到苏区岁月的惩腐肃贪,从抗战时期政权的廉政建设到新中国成立后廉政制度的新探索,从党的反腐倡廉工作在拨乱反正中得到加强到改革开放过程中廉政建设的全面推进,从世纪之交实施反腐倡廉新方案到新时代大力加强反腐倡廉体系建设，这些都深刻表明我们党对反腐工作的重视。坚定不移地开展正风肃纪反腐，是新时代中国共产党不断加强党的建设的迫切需要和必然要求。

当前，由于管党不力、治党不严，一些党员干部产生了严重的政治信仰危机。官僚主义、形式主义、享乐主义盛行的社会风气引起越来越多越轨行为的出现，政治问题与经济问题相互交织，贪污程度触目惊心。如2017年热播的反腐电视剧《人民的名义》中出现的赵德汉，他作为国家某部委项目处处长，看似长相憨厚、衣着朴素，但贪污金额竟然高达上亿元。一个从小接受勤俭节约教育理念的穷苦孩子，一步步走到处长的职位，却干出如此令人瞠目结舌的贪污事件，电视剧用艺术的方式反映出党员干部的思想滑坡导致贪污腐败问题的严重程度。党的十八大以来，截至2022年4月末，全国纪检监察机关共立案审查调查438.8万件、470.9万人，反腐败斗争取得压倒性胜利并得到全面巩固。① 据中央纪委国家监委网站发布的审查调查和党纪政务处分信息，2022年上半年，全国纪

---

① 《中央纪委国家监委：党的十八大以来 全国纪检监察机关共立案审查调查438.8万件》，2022年6月30日，http://news.youth.cn/jsxw/202206/t20220630_13811053.htm。

检监察机关共接收信访举报175.2万件次，处置问题线索73.9万件，谈话函询15.1万件次，立案32.2万件，处分27.3万人（其中党纪处分22.7万人）。处分省部级干部21人，厅局级干部1237人，县处级干部1万人，乡科级干部3.4万人，一般干部3.8万人，农村、企业等其他人员18.9万人。其中，全国纪检监察机关运用"四种形态"批评教育帮助和处理共85.5万人次。[①]结合中央纪委国家监委公布的2022年第一季度全国纪检监察机关监督检查审查调查情况来分析，不难发现2022年第一季度全国纪检监察机关立案14.3万件，立案数比2020年、2021年第一季度均有所增长。[②]就目前的形势来看，我们必须对反腐败斗争形势的严峻性有一个清醒的认识，腐败作为我们党执政的最大威胁依旧存在并将长期存在，并呈现出偶有增量的状态。反腐败斗争是一项长期的工作，只要一放松，就可能会前功尽弃，因此我们应当始终保持严的主基调不动摇，党风廉政建设永远在路上，反腐败斗争亦是如此。

---

① 中央纪委国家监委：《中央纪委国家监委通报2022年上半年全国纪检监察机关监督检查审查调查情况》，2022年7月19日，https：//www.ccdi.gov.cn/toutiaon/202207/t20220719_205865.html。
② 中央纪委国家监委：《一季度全国纪检监察机关共立案14.3万件 坚持严的主基调不动摇》，2022年4月23日，https：//www.ccdi.gov.cn/yaowenn/202204/t20220423_188245.html。

我们党作为一个具有百年历史的大党，要永葆党的先进性和纯洁性，就必须持续推进党风廉政建设和反腐败斗争，时刻保持对"腐蚀""围猎"的警觉，始终维持"赶考"的清醒头脑。推进"严紧硬"的有效举措，以系统施治、标本兼治的思想正风肃纪，敢于在自己身上动手术，这就要求广大党员、干部不断改造自己的主观世界，加强党性修养和品格熏陶，老老实实做人，踏踏实实干事，清清白白为官，进一步推进不敢腐、不能腐、不想腐一体建设，确保在复杂环境中能够不断加强党的思想建设、作风建设、法治建设、组织建设、能力建设等，推进党的建设新的伟大工程，引领和保障中国特色社会主义这艘巍峨巨轮行稳致远。

## 三、开启社会主义现代化国家新征程，必须进行伟大斗争

70多年栉风沐雨，中国共产党带领中国人民矢志不渝地追寻一条中国特色社会主义现代化之路。在中国大地上实现现代化是世界上人口最多、经济落后的欠发达国家逐步实现工业化、城镇化、信息化和现代化的历程，是一场史无前例的现代化"持久战"。我们

正处于实现中华民族伟大复兴的关键时期,改革发展正处于攻坚克难的重要阶段,在前进的道路上,我们面临的重要斗争不会少。

党的十九届五中全会提出:"'十四五'时期是我国全面建成小康社会、实现第一个百年奋斗目标之后,乘势而上开启全面建设社会主义现代化国家新征程、向第二个百年奋斗目标进军的第一个五年。"① 全面建设社会主义现代化国家,是中国共产党在时代发展过程中所作出的科学判断,反映了我们党与时俱进的优良品格。在当代世界,已经有一批国家实现了现代化,不少发展中国家也正在为踏上实现自身现代化的道路而努力探索。纵观世界现代化近三百年的历史,西方国家的现代化无不建立在"腥风血雨"的基础之上,贴上了"丛林法则"和"霸权主义"的标签。时至今日,尽管有着国际条约的约束与管制,西方发达国家依然凭借其传统优势地位和霸权掌控着国际秩序,并试图通过经济制裁、政治干预甚至是战争等手段对其他国家和地区进行控制,从而进一步维护其主导地位。弱肉强食的"丛林法则""霸权主义"成为其他国家实现现代化的重要障碍。

---

① 《中共中央关于制定国民经济和社会发展第十四个五年规划和二〇三五年远景目标的建议》,《人民日报》2020年11月4日。

在探索实现社会主义现代化国家的新征程中，既不能走封闭僵化的老路，也不能走改旗易帜的邪路。我们国家所推进的现代化，是中国共产党领导的社会主义现代化，是以和平发展作为根本遵循的现代化。无论在什么时候，中国都始终坚持通过争取和平来发展自己，又以自身发展来维护世界的和平。但是，进入21世纪以来，国际局势动荡不安，各国国内社会问题凸显，世界范围内乱象层出不穷，许多国家的现代化进程面临着复杂挑战。中国共产党着眼于中华民族伟大复兴战略全局，客观分析当前所面临的机遇与挑战，沉着应对，发扬斗争精神，增强斗争本领，这样才能为实现伟大目标筑牢基础。

"雄关漫道真如铁，而今迈步从头越。"在党的坚强领导下，我国社会主义现代化建设已经取得了前所未有、世所罕见的伟大成就，惠及人口之多创下了世界纪录。经过70余年的发展，中国成功实现了从"一盘散沙"变为具有强大社会凝聚力的世界政治大国；从过去的"饥荒之国"变为世界第一大农业生产国；从曾经的工业落伍国变为世界第一大工业生产国；从世界贫困人口最多的国家变为世界最大的"全面小康社会"，这也标志着我国已经实现了第一个百年奋斗目标，这是中华民族发展史乃至整个人类文明发展史上彪炳史册的大事，具有划时代的意义。在新的历史方位下，我国应当如何在现有的历史成就基础上起承转合，继续推进国家现代化建设进程，实现现代化事业的历史性开展，是在这一时期必须解决的现实问题。当今国际社会，逆全球化潮流势头猖獗，单边主义、保护主义明显上升，民粹主义卷土重来，世界发展态势变得扑朔迷离。在国家发展过程中，众多深层次矛盾问题躲不开、绕不过，各种"灰犀牛""黑天鹅"事件随时都有可能突发。这些矛盾风险与困难挑战相互交织、相互作用，一旦发生且无法应对，国家安全就可能面临重大威胁，推进中国式现代化道路、实现中华民族伟大复兴的进程就可能被迫停滞或中断。因此全党必须增强忧患意识，锐意进取，认清形势，善于利用危机、化解危机，随时准备与各种困难作斗争。中央和地方各级党组织、广大党员干部都应当扛起应有的担当与使命，做好贯彻落实党中央决策部署的"第一棒"，强化"四个意识"，坚定"四个自信"，做到"两个维护"，让党放心，让人民满意。

又踏层峰辟新天，更扬云帆立潮头。迈向开启社会主义现代化国家新征程，踏上赶考新路，是一项前途光明但任重道远的时代任务。在全面建设社会主义现代化国家开局起步的关键时期，我们要争取在经济上实现高质量发展，在科技上提升自立自强能力，加快构建新发展格局和建设现代化经济体系；在改革开放过程中稳步前行，深入推进国家治理体系和治理能力现代化，进一步完善社会主义市场经济体制，形成更高水平的开放型经济新体制；在法治建设上，完善中国特色社会主义法治体系，进一步提高全过程人民民主的制度化、规范化、程序化水平；在文化上不断丰富广大人民群众的精神文化生活，激活全民族文化创新创造活力，逐渐增强中华民族内在凝聚力；提升基本公共服务均等化水平，实现居民收入增长和经济增长基本同步；改善城乡人居环境，加快推进美丽中国、平安中国建设；等等。我们只有咬定目标不放松，付出更加艰巨、更为艰苦的努力，继续进行具有许多新的历史特点的伟大斗争，才能在这个过程中攻克数不胜数的难题，提升我国的综合国力，逐步将我国建设成为社会主义现代化强国。

今天，中国已开启全面建设社会主义现代化新征程，踏上了新的赶考之路。在中国式现代化道路新征程中，面临的风险挑战与日俱增，总想过太平日子、不想斗争是不切实际的，走好"五个必由之路"，赢得未来、创造新的历史伟业，必须进行伟大斗争。

## 四、自觉维护人民利益，必须进行伟大斗争

为中国人民谋幸福，为中华民族谋复兴，是中国共产党人的初心和使命，是激励一代代中国共产党人前赴后继、英勇奋斗的根本动力。从"为人民服务"到"以经济建设为中心"，从"代表最广大人民的根本利益"到"以人为本"，再到"以人民为中心"的发展思想，可以看出，自觉维护人民利益这一时代命题，既是党的性质宗旨的集中体现，也是党的性质宗旨的最高境界。

从历史维度来看，党的历史使命是一脉相承、连绵不断的。百余年来，党一直在为实现中华民族伟大复兴的历史使命而孜孜不倦地奋斗着。习近平总书记多次强调："我们必须把人民利益放在第一位，任何时候任何情况下，与人民群众同呼吸共命运的立场不能变，全心全意为人民服务的宗旨不能忘，坚信群众是真正英雄的历史唯物主义观点不能丢。"① 我们党能够领导人民取得革命、建设和改革的伟大胜利，我们国家能够立足于世界民族之林并不断发展壮大，一个根

---

① 《习近平谈治国理政》第二卷，外文出版社 2017 年版，第 295 页。

本的原因就在于我们党始终深深扎根于人民群众之中，人民群众为我们党提供了不竭的智慧和力量。改革开放初期，邓小平同志提出以人民拥护不拥护、赞成不赞成、高兴不高兴、答应不答应作为我们想问题、作决策的主要依据，作为衡量一切工作得失的根本标准。在改革开放进程中，江泽民同志提出"三个代表"重要思想，强调要保持我们党的先进性就必须坚持"始终代表中国最广大人民的根本利益"的根本原则。胡锦涛同志提出必须更加自觉地贯彻以人为本的核心立场，尊重人民主体地位，保障人民群众的各项权益。因此，党始终秉持着以人民为中心的原则，这已经成为融入党员意识、构成党员品格、展示党员气质的政党文化之魂。

从现实维度来看，党的历史使命又因时外化为具体的任务要求。中国梦归根到底是人民的梦，必须紧紧依靠人民来实现，必须不断为人民造福。中国共产党始终躬身践行着人民立场，想人民之所想，行人民之所嘱。进入中国特色社会主义新时代，这在一定程度上意味着在人民利益和人民事业的双重导向之下，中国共产党已经把人民对于美好生活的向往与追求融入中国特色社会主义的历史伟业之中，把维护好、实现好人民利益作为我们党治国理政事业的最高要求和根本目标。当前我们正处于比历史上任何时期都更加接近、更有信心与能力来实现复兴梦的重要历史关口，可以充满自豪和自信，但决不能盲目自大和自负。国际形势的复杂多变、人民对于生活的高品质需求日益凸显，改革已经进入深水区，必须要啃硬骨头、涉险滩等等，这些都是党自觉维护人民利益时所必须直面的时代课题，由此决定了党越接近胜利，就越要时刻保持清醒理性，越要进行伟大斗争。

突出以人民为中心的发展思想，必须进行伟大斗争。以习近平同志为核心的党中央，坚持人民至上的唯物史观，强调全党要以"一切为了人民"作为党的奋斗目标。大变革大发展时期，我们党目前面临国际国内各种挑战和考验，党的二十大报告中说："中国共产党领导人民打江山、守江山，守的就是人民的心。治国有常，利民为本。"[①] "人民对美好生活的向往，就是我们的奋斗目标。"[②] 要做到一切为了人民群众，自觉维护人民群众的各项利益，"就要始终把人民放在心中最高的位置"[③]，就必须坚持人民的主体地位和首

---

① 习近平：《高举中国特色社会主义伟大旗帜 为全面建设社会主义现代化国家而团结奋斗——在中国共产党第二十次全国代表大会上的报告》，人民出版社2022年版，第46页。
② 《习近平谈治国理政》第一卷，外文出版社2018年版，第4页。
③ 《习近平谈治国理政》第一卷，外文出版社2018年版，第409页。

创精神，同各种违背党的宗旨的言论与行为作斗争，时时刻刻牢记全心全意为人民服务的宗旨，多为群众办好事、办实事，突出强调以人民为中心的发展思想。当前，伴随党风廉政建设的深入开展，党政干部服务群众的意识不断增强，党在维护人民群众利益方面也有了长足进步。但我们也不能忽视，在一些地方政府和部门中，目前仍存在不同程度和不同方式的形式主义与官僚主义，热衷于搞"形象工程"。甚至某些地方在土地征用、房屋拆迁、企业改制中时常出现侵害人民群众利益的情况。这些问题和现象对社会稳定和党在人民群众中的声誉造成了极大的不良影响。为此，习近平总书记以问题为导向，破解发展中面临的难题和重大课题，坚持尽力而为、量力而行，深入群众、深入基层，继续为民造福，更好践行自己的初心使命。

着力解决好人民最关心、最直接、最现实的利益问题，必须进行伟大斗争。民生是人民幸福之基、社会和谐之本。坚持在发展中保障和改善民生，是立足我国具体国情、回应群众关切、提高人民生活水平、维护人民群众利益的现实基础。2021年我国脱贫攻坚取得全面胜利，创造了现行标准下农村贫困人口全部脱贫的成绩，这一系列实践措施深刻体现了我们党自觉维护人民根本利益、致力于增进人民福祉的本质属性。目前，我国的发展已经到了一个新的历史时期，在新的时代背景下，民生问题涉及面广且繁杂，仍旧是国家所关注的重点。广大人民群众生活在基层，社会基本问题和人民群众所面临的最直接利益问题也都出现在基层。例如，从养老问题来看，建立一个全民性的健康服务体系关乎国计民生。随着年龄的不断增长，人体机能不断退化，老年群体的患病率和对健康服务的需求量远远大于其他年龄段的人群。根据第七次全国人口普查的结果，我国总人口约为 14.43 亿人。[1] 其中，65 岁及以上人口占总人口数约 13.5%，与 2010 年第六次全国人口普查相比，65 岁及以上人口的比重上升了 4.63 个百分点。[2] 从数据来看，中国目前呈现出"未富先老"的老龄化发展态势，在未来即将面临劳动力、经济发展、公共基础、社会保障等诸多方面的压力。在立足于国家具体实际的基础上保障和发展民生，要坚决与一切"空中楼阁""画饼充饥"等虚假作风作斗争，以求真务实的态度推动民生保障水平和经济增长水平同向发展，始终把人民放在

---

[1] 国家统计局：《第七次全国人口普查公报（第五号）》，2021 年 6 月 28 日，http://www.stats.gov.cn/tjsj/tjgb/rkpcgb/qgrkpcgb/202106/t20210628_1818824.html。

[2] 国家统计局：《第七次全国人口普查公报（第二号）》，2021 年 6 月 28 日，http://www.stats.gov.cn/tjsj/tjgb/rkpcgb/qgrkpcgb/202106/t20210628_1818824.html。

心中最高位置，努力提高人民生活品质，只有这样才能真正做到维护人民利益。因此，在新时代、新背景之下，我们要想将新时代的宏图伟业继续向前推进，真正意义上做到自觉维护人民群众利益，实现中华民族的伟大复兴，就必须做到只要是人民群众强烈反映的问题都必须保持严肃的态度认真对待，只要是损害到人民群众利益的行为都必须坚决纠正。

民之所望，政之所向。大战大考，彰显"为人民谋幸福"的初心之坚；风雨来袭，考验"全心全意为人民服务"的宗旨之诚。面对贫困堡垒，坚定"一个都不能少"的决心，组织实施人类历史上规模最大、力度最强的脱贫攻坚战，创造了人类减贫史上的奇迹。面对疫情的冲击，秉持"每个生命都得到全力护佑"的理念，举全国之力开展规模庞大的生命大救援，最大限度地保障人民身体健康与生命安全。党的十八大以来，我们党紧紧依靠人民，克服了前进道路上一个个难以攻克的险阻，创造了一项项彪炳史册的丰功伟绩，始终贯穿着人民至上、生命至上的价值理念。在新的历史条件下，更是应当自觉维护人民利益，坚持永不放弃、顽强拼搏的斗争精神，彰显我们党始终与人民同呼吸、共命运、心连心的坚定信念。

## 五、自觉维护我国主权安全发展利益，必须进行伟大斗争

国家安全作为一个国家实现永续发展的内在要求，是民族复兴的根基。如果国家安全得不到保障，就无法在真正意义上实现国家的主权独立和长远发展利益，更加谈不上完成国家繁荣与民族振兴的伟大历史使命。因此，国家主权、安全、发展利益作为一个国家的重要利益，在任何情况下都不能被侵犯。我们党诞生于国家内忧外患、民族危急存亡之关键时刻，对国家安全的重要性有着深刻认识。无论什么时候，面对任何变化，我们党始终将保证国家安全作为头等大事，坚决捍卫国家主权、安全、发展利益，为党和国家发展提供坚定的安全保障。

从近现代世界历史发展进程可以看到，世界体系中的各个主权国家都在为维护自身国家主权而竭尽全力，甚至不惜以牺牲生命为代价。在一定意义上可以说，近现代世界历史实际上就是一部各国为维护本国国家主权、安全、发展利益而顽强斗争的历史。恩格斯曾在《共产党宣言》意大利文版序言中明确提到，只有在国家独立与民族解放的前提之下，各民族之间

才会形成真正意义上的合作。因此，国家主权才是政治、经济、文化等方面权利最重要的保障。中国也不例外。自鸦片战争爆发后的百余年里，整个中华民族一直处于帝国主义列强侵华战争的硝烟之中。几乎所有资本主义强国都参与了对中国的侵略和掠夺，并且与中国签订一系列不平等条约，使中国主权沦丧，领土被占，国家的安全、政治、经济和文化等多方面利益几乎丧失殆尽。可以说西方列强的侵略史，同时也是一部中国人民与外来侵略进行斗争、争取国家主权、维护民族利益的历史。1949年中华人民共和国的成立，标志着中国作为一个统一、独立的主权国家开始屹立于世界民族之林，标志着近代以来中华民族梦寐以求的民族独立、领土主权完整和人民解放的历史任务最终得以实现，中国人民踏上了为国家富强、社会和谐而砥砺奋斗的伟大征程。当前，中国正处于民族复兴的紧要关头，世界正处于大发展、大变革、大调整的重要时期，更趋不稳定、不确定的国际形势和各种可以预见或难以预见的风险因素显著增多，我国面临着复杂严峻的安全与发展环境。国家安全也在新时代、新征程上被赋予了很多新的特点，其内涵和外延不断丰富，时空领域更加宽广，内外因素越发复杂。无论是西方发达国家为了遏制中国的发展对我国进行的施压、设障、挑衅,还是某些国家利用所谓的亚太军事同盟对中国领土主权的侵蚀,抑或是一些民族分裂分子打着"民族""宗教"旗号分裂祖国、破坏国家统一和民族团结的言行,又或者是一些宗族、黑恶势力等社会不稳定因素对社会和谐稳定造成的负面影响,更或者是通过各种间谍渗透进各领域进而危害国家稳定发展的行为,只要来了,我们就要与之斗争。

无数事实告诉我们,唯有以狭路相逢勇者胜的气概,敢于斗争、善于斗争,我们才能赢得尊严、赢得主动,切实维护国家主权、安全、发展利益。当前国内外形势不容乐观,世界百年未有之大变局正在加速演进,这要求我国尽力做好各方面的斗争准备。一是世界范围内的霸权主义、恐怖主义等问题仍旧存在,国际局势动荡不安,纷争不断。从中东地区的阿富汗战争、叙利亚战争到如今的俄乌冲突,全球各地突发的局部冲突充分启示我们必须坚定不移地保持战略定力,增强斗争本领,发挥斗争精神,展示不畏强权的斗争决心,随时做好为维护国家海洋安全、太空安全、网络安全和核安全,反对霸权主义、恐怖主义而进行军事斗争的准备。二是敌对分子企图分裂国家的可能性仍然存在,必须坚决维护一个中国原则。历史车轮滚滚向前,统一大势不可阻挡,中国的国家统

一、民族复兴是大义所在、民心所向，以任何形式出现的企图分裂祖国的行为以及其他各种外部势力干涉都属于历史逆流，注定是要失败的。因而，我们必须坚决开展反干涉、反分裂的重大斗争，以铸牢中华民族命运共同体意识为主线，把民族团结进步作为基础性事业抓紧抓实，勠力同心地维护祖国统一与领土完整。三是针对"没有硝烟的战争"，维护意识形态领域的稳定与安全。随着科学技术信息化的迅猛发展，非传统安全在国家安全中的地位越发突出，这给新时代国家安全的治理提出了新挑战与新课题。网络空间逐渐成为意识形态斗争的主战场，我们必须加强对互联网相关领域的监管，不断改进与提高舆论引导能力，清除在宣传工作中存在的教条主义、本本主义、形式主义等不良问题，建立专业化的思想战线队伍，坚持政治性与学理性相统一，实现教育和监管"两手硬"。

最重要的还是要始终坚持以人民安全为宗旨的总体国家安全观，突出维护重点领域国家安全是主阵地、主战场，同时要时刻谨记国家利益至上，统筹国内与国外、传统安全与非传统安全，勾画出新时代国家安全的整体布局，走中国特色国家安全道路。党的二十大报告明确指出："高质量发展是全面建设社会主义现代化国家的首要任务。"① 发展作为党执政兴国的第一要务,是将我国建设成为社会主义强国的必然要求。但在谋求国家经济高质量发展的同时,也不能忽视在这个过程中所面临的安全问题。在不稳定的发展环境中推进中华民族伟大复兴,发展问题和安全问题是辩证统一、互为条件、彼此支撑的。一方面,安全是发展的前提和基础,国家安定、社会和谐是保证党和国家事业永续发展的基本前提,没有稳定的国家安全,一切发展都无从谈起;另一方面,发展是安全的保障和目的,"落后就要挨打"是近代中国的屈辱历史告诉我们的一个深刻道理,发展才能自强,只有国家真正强大起来了,国家安全才有保障。因此,实现国家富强和民族振兴,保证人民安居乐业,维护国家安全是头等大事。不能以牺牲国家安全为代价来谋求自身发展,而应当把维护国家安全贯穿于党和国家工作的全过程,克服发展道路上的安全阻碍,二者一起谋划、共同部署。

在新时代全面推进中华民族伟大复兴,绝对不是轻轻松松就能实现的,这要求我们坚定信心、迎难而

---

① 习近平:《高举中国特色社会主义伟大旗帜　为全面建设社会主义现代化国家而团结奋斗——在中国共产党第二十次全国代表大会上的报告》,人民出版社2022年版,第28页。

上，经受住惊涛骇浪的重大考验，付出更为艰苦的努力，进一步增强"一仗接着一仗打"的决心与智慧。在维护国家安全方面，要严密防范和严厉打击一切敌对势力的各种行动，切实增强斗争精神和斗争本领，在原则问题上寸步不让、寸土不让，以前所未有的斗争品质维护国家主权、安全、发展利益，以顽强斗争维护国家安全，打开事业发展新局面。

## 六、自觉防范各种风险挑战，必须进行伟大斗争

当今世界形势变化多端，国内外环境日趋复杂，我国的发展在面临新机遇的同时也面临着许多新的、前所未有的风险与挑战。有效化解重大风险、应对重大挑战，是稳步推进现代化建设、实现民族复兴的保障，对中国共产党的执政能力和水平同样是严峻的考验。防范应对这些风险挑战，首先要认清这是一场长期、复杂且艰巨的斗争，自觉加强党的斗争精神和斗争本领的养成，确保在每一场重大风险挑战中，都能够站稳立场、敢于担当、不畏艰险，团结带领全国人民进行具有新的历史特征的伟大斗争。

应对风险与挑战是迈入新时代所必须面对的一个

重大任务。党的十八大以来,中国共产党人居安思危,高度重视如何防范风险挑战,并且在理论与实践领域进行了一系列的探索。党的十九大报告指出,要"更加自觉地防范各种风险,坚决战胜一切在政治、经济、文化、社会等领域和自然界出现的困难和挑战"①。党的二十大报告又针对这一问题,总结了十年前所面临的矛盾与问题,以及这十年来为此采取的一系列实践举措,并重新审视了当前所处的形势。党中央在充分肯定党和国家事业所取得的重大成就的同时,也清晰地指出了当前工作所面临的全新困难挑战,主要包括:在推进高质量发展方面面临的发展不平衡不充分、科技创新力不足的问题;粮食、能源、产业链供应链安全与金融风险面临的危机的防范问题;重点领域改革所面临的一系列困难;意识形态领域存在的问题;城乡发展与收入分配差距的问题;群众目前所面临的如就业、医疗等一系列民生问题;生态环境保护方面的问题;党员干部缺乏担当、斗争、实干精神,官僚主义与形式主义突出的问题;反腐败方面的问题;等等。

从风险与挑战本身的产生与演变来看,当前所面

---

① 习近平:《决胜全面建成小康社会 夺取新时代中国特色社会主义伟大胜利——在中国共产党第十九次全国代表大会上的报告》,人民出版社 2017 年版,第 16 页。

临的一系列风险挑战既有外部环境动荡的原因，又不能脱离中国自身的发展特点。中国经济独一无二的双重转型、各方面相较于其他国家较快的发展速度，以及巨大的人口规模，都是当前所面临的风险挑战的根源。而且，风险不是一成不变的，随着发展和内外联系的影响，风险也会不断发展演变。由于外部环境的不稳定，内外风险相互影响，风险与挑战在外力影响下越发激烈，威胁国家各方面的安全。同时，各领域之间的风险挑战也会产生联系，不断演变，其他领域的风险若不加以防范，也有演变成政治风险的可能。从本源入手，认清所面对的风险挑战的本质，有利于我们保持清醒头脑；而要防范化解自身产生的矛盾风险，必须进行具有艰苦性、剧烈性和独特性的伟大斗争。改革开放以来特别是新时代以来，为了维护国家安全和人民利益，为了防止风险向负面的方向发展，中国共产党团结带领全国人民坚持根本立场，迎难而上，积极应对，坚决斗争，及时有效地直面挑战、解决矛盾、化解风险，确保了中国经济社会发展稳中求进。

在中华民族伟大复兴的道路上，发展与前进从来都不是一帆风顺的，防范风险与挑战始终是斗争的重要内容，要始终增强忧患意识，居安思危。孟子云：

## 第一章 实现中华民族伟大复兴,必须进行伟大斗争

"生于忧患,死于安乐。"(《孟子·告子下》)忧患意识是中华民族自古传承的精神特质,深深地刻印在中华民族的血脉之中。"安而不忘危,存而不忘亡,治而不忘乱"(《易传·系辞传下》),这样的忧患意识使得中华民族从古至今都极其重视风险与挑战,在安定平稳中保持警醒,在危机袭来时迎难不惧。忧劳兴国,逸豫亡身,只有在任何时刻都警惕自省,才能够在飞速发展的时代中不断迸发生机活力。中国共产党诞生于民族危难之时,自成立时起就面临着严峻的挑战,在危机中挺身而出,团结带领中国人民进行伟大斗争,开辟伟大道路,建立伟大功业。百年来,党领导中国革命、改革与建设的过程,就是一部不断直面风险挑战、不断认识风险挑战、不断战胜风险挑战的百年奋斗史。经历一次次惊涛骇浪,化解一场场风险危机,中国共产党最终锤炼出了敢于斗争与胜利的强大斗争精神,这正是我们百年大党能够永葆青春活力的重要原因之一。面对风险挑战时信念坚定、勇于担当、顽强斗争,也成了中国共产党人突出的精神特质和政治品格。

当今世界,国家和地区之间的政治、经济、文化既相互联系、相互渗透,又相互对抗、相互博弈,风险挑战广泛地存在于不同领域。全球化进程对中国的

影响既有正面的，也有负面的，需要保持斗争警惕，运用斗争智慧，取得斗争成效。特别是目前中国已迈步新征程，全面建设现代化国家，全面瞄准第二个百年目标奋斗前进，中华民族伟大复兴也正式迈入了关键阶段。距离目标越近，越是走在新征程上，越要高度关注世界性、多样性的风险挑战，针对内部快速发展与外部不稳定的环境，理性评判把握各种风险挑战，研究制定斗争策略，积极主动防范应对。习近平总书记强调，要推进党和国家的各项工作，就必须要深刻分析国内外形势以科学掌握面临的风险挑战。领导干部在谋划工作时，应当心怀中华民族伟大复兴的战略全局与世界百年未有之大变局这两个大局。人民的幸福与民族的复兴，自始至终都是中国共产党坚定不动摇的初心使命。新时代新征程，国家安全和社会安定面临的威胁和挑战增多，解决好当今世界百年未有之大变局中的风险挑战，与人民对美好生活的向往、与社会的稳定发展、与国家的长治久安都息息相关，是实现中华民族伟大复兴不可忽略的重要环节，必须以顽强的斗争精神认真对待、防范化解各种风险挑战。

放眼未来，机遇与挑战依然相互依存，我们既要勇于把握机遇、乘势发展，更要敢于直面风险，进行新的伟大斗争。习近平总书记指出："我们共产党人的斗争，从来都是奔着矛盾问题、风险挑战去的。"① 斗争不是盲目而行，更不能绕道走，必须时刻掌握内外环境的变化，准确认识发展所面临的新问题，坚定不移地在新形势下开展斗争。首先，应当坚持问题导向，确立斗争的目标，围绕风险与挑战展开伟大斗争，解决困难与矛盾。对此，习近平总书记强调的"五个凡是"，以风险挑战为主线明确了要进行斗争的情形，指明了斗争方向。其次，对于这些风险与挑战，也要求坚持底线思维进行伟大斗争，正如习近平总书记所提到的，凡事都要着眼于最坏处，向最好处努力。当前的风险挑战营造出逐渐复杂严峻的实践环境，我们面临的挑战是长期而复杂的，面对新时代新形势下的各种考验，要始终立场坚定、头脑清醒，牢牢抓住问题根本，迎难而上，挺身而出，坚决同风险与挑战不懈斗争，不断打开中国特色社会主义事业发展新天地。

---

① 《发扬斗争精神增强斗争本领 为实现"两个一百年"奋斗目标而顽强奋斗》，《人民日报》2019年9月4日。

# 第二章　发扬斗争精神的理论基础

诞生于国家危难存亡之时的中国共产党，为了实现中华民族的伟大复兴、为了人民的美好生活攻坚克难，在不断奋斗实践中发扬斗争精神，砥砺前行。中国共产党作为马克思主义政党从始至终都具备着敢于斗争的宝贵精神品格，自中国共产党成立时起，斗争精神就始终铭刻于其血脉之中。这种顽强的斗争精神，是对马克思主义实践本性的继承与发展，更是对优秀传统文化的传承与转化，同时也是对马克思主义政党品格的显著体现。首先，斗争精神发源自马克思主义实践本性。它聚焦现实问题，源自追求真理、解放全人类的斗争实践，并在实践中发挥重要作用，与马克思主义理论的实践观点息息相关，正是马克思主义实践本性特质的当代呈现。其次，斗争精神扎根于中华民族血脉深处。炎黄子孙代代相传的坚韧不拔的斗争气节、自强不息的斗争品质、披荆斩棘的斗争实践，都是中华民族的宝贵财富，为斗争精神提供了强有力的文化支撑。最后，斗争精神内化于马克思主义政党。

## 第二章　发扬斗争精神的理论基础

于阶级斗争实践中诞生的无产阶级政党，在马克思主义的指导下，坚定斗争信念，明确斗争立场与方向，形成了科学性、人民性、革命性、发展性的理论品格。这正是其开展斗争不可或缺的精神力量，同样也是斗争精神形成的重要源泉。

## 一、斗争精神体现了马克思主义的实践本性

"哲学家们只是用不同的方式解释世界，问题在于改变世界。"[①] 在《关于费尔巴哈的提纲》中，马克思尖锐地指出了旧哲学的弊端，批判了哲学家们脱离实践的空谈，同时也表达了哲学的根本价值和意义。马克思主义的产生，就是为了在实践中改造旧世界，马克思主义理论自始至终都十分重视实践性，认为只有在实践中人才能真正地认识世界并作出有益的改变。正如习近平总书记所指出的，实践性是其与其他理论相区分的显著特征。马克思主义者们致力于解放人类这一伟大的事业，形成、完善并发扬马克思主义，坚持以人为本，批判改造现实世界中的一切不合理因素。马克思主义是在指导人类实现自身解放的实践中产生

---

① 《马克思恩格斯选集》第一卷，人民出版社2012年版，第136页。

的，只有从实际出发，不断地接受检验与挑战，不懈地进行斗争和探索，马克思主义理论思想才能不断成熟和发展，从而始终服务于改变世界的伟大实践。新时代的斗争精神同样如此，源自实践，推动实践发展，是离不开人民性与实践性的一种时代精神；新时代要"发扬斗争精神，增强斗争本领"，也是立足于社会实践。追根溯源，这正是马克思主义实践本性特质的当代呈现。研究发扬斗争精神的理论基础，就要从马克思主义的实践本性开始。探究马克思主义的实践本性，则可以从两个方面进行阐释：马克思主义的诞生与发展，离不开马克思一生的斗争实践；马克思主义的理论观点与理论精神，离不开实践这一根本特征。

　　首先，马克思主义在斗争中形成并发展。马克思主义本身的产生与发展离不开实践，马克思主义的实践观念也是在实践中不断探索完善的。习近平总书记指出："马克思主义不是书斋里的学问，而是为了改变人民历史命运而创立的，是在人民求解放的实践中形成的，也是在人民求解放的实践中丰富和发展的，为人民认识世界、改造世界提供了强大精神力量。"[①] 马克思的一生是在实践中不断斗争的一生，正如马克思

---

[①] 习近平：《在纪念马克思诞辰200周年大会上的讲话》，《人民日报》2018年5月5日。

## 第二章　发扬斗争精神的理论基础

的老朋友恩格斯在《在马克思墓前的讲话》这篇演讲中评价道："斗争是他的生命要素。很少有人像他那样满腔热情、坚韧不拔和卓有成效地进行斗争。"① 实践贯穿于马克思主义的整个发展史中，也为马克思主义的实践本性奠定了基调。马克思主义的诞生与发展，离不开在实践中锲而不舍地为真理、为人民、为改造世界而斗争。追寻马克思主义斗争精神的源头，首先要走进伟大革命导师马克思为全人类的解放而探索真理、不断实践的一生，揭示斗争精神中蕴含的实践本性之源。

理想是指明前进方向的灯塔，马克思主义探索真理的实践萌芽破土于马克思中学时期立下的远大志向。1830年，12岁的马克思进入了思想进步的特里尔中学，在这里，他独立思考，勇于探索，围绕对宗教的思考、对"幸福时代"的评判标准以及为全人类的幸福而工作的远大志向写下了三篇论文。在中学时期确立的远大志向，是马克思追求真理的起点，亦是马克思主义的萌芽，为其实践方向与目标奠定基础。从此，马克思怀抱着这样崇高的志向和思考，开始了他为全人类的解放而斗争的一生，正式走向了他对真理不懈探索的实践道路。追寻真理的路上布满了荆棘与曲折，

---

① 《马克思恩格斯选集》第三卷，人民出版社2012年版，第1003页。

唯有在不断斗争与实践中探索才能揭开它的面纱。马克思在《莱茵报》上刊登《关于林木盗窃法的辩论》等一系列文章，《莱茵报》被迫停刊后又主编《德法年鉴》，并且更积极地参与资产阶级革命运动，与恩格斯在布鲁塞尔建立起共产主义通讯委员会，传播共产主义世界观，最终在斗争与实践中，马克思的思想不断成熟，揭示了资本主义的秘密，揭露了社会发展的真理。1848年2月，马克思和恩格斯合作完成《共产党宣言》，这是国际共产主义运动的第一个纲领性文献，也标志着马克思主义的诞生。

马克思主义在实践中形成，同样在实践中发展、完善。马克思主义理论的发展与完善，离不开马克思、恩格斯的革命实践。《共产党宣言》问世后，马克思更积极地投入到了无产阶级革命斗争工作中，筹办《新莱茵报》，直接参与领导科隆的民主运动和工人运动，改组共产主义者同盟，创立国际工人协会（第一国际），并积极支持1871年法国巴黎公社革命。在革命斗争实践中，马克思与恩格斯不断地总结积累了大量的经验，丰富了理论思想。不仅如此，后来无数马克思主义者的实践，也同样不断发展着马克思主义，包括指导俄国十月革命的成功、列宁对修正主义的批判等等。尤其是中国共产党人面对中国独特的国情，结

## 第二章　发扬斗争精神的理论基础

合中国不同时期所面对的实际，进行了长期具体的实践探索。毛泽东同志在危难之际同教条化马克思主义等错误倾向作斗争，将中国革命的实质揭示出来，使得马克思主义开始在中国顺利扎根发展，并指导中国共产党领导人民取得新民主主义革命的胜利，在社会主义革命建设中取得伟大成就，马克思主义与中国实际相结合的道路就此开启。党的十一届三中全会以来，中国共产党人不断在实践中坚持将二者紧密结合，形成了集众多重要理论成果于一体的中国特色社会主义理论体系，实现了马克思主义中国化一次新的飞跃。党的十八大以来，以习近平同志为主要代表的中国共产党人，在其中注入了优秀传统文化的元素，以两个"相结合"科学回答当前所面对的各种重大时代课题，形成习近平新时代中国特色社会主义思想。中国共产党人正是在实践中不断探索，使得马克思主义在中国扎根生长，奋力推进其一次又一次的飞跃，为马克思主义注入了新的时代生命力。

斗争精神正是在这样的斗争实践中形成并发展起来的。认识真理的道路没有尽头，立足实践才能创新前行。斗争精神向来是马克思主义的固有品格，这样的品格源自马克思为了追求真理，为了解放全人类而勇于实践、不懈奋斗的一生。中国共产党人继承马克思主义的精神品质，在斗争中不断地克服困难、寻找真理、实践真理，斗争精神践行于诞生之初，贯穿于百年发展历程，引领时代前进步伐，不仅体现出马克思主义的实践本性，而且开辟了马克思主义中国化时代化的新境界。

其次，马克思主义的实践观念与斗争精神息息相关。马克思主义在革命实践中诞生、发展，也在其中形成、完善了科学的实践观。在马克思主义理论体系中，作为马克思主义核心概念的实践观具有不可小觑的地位，是认识论和历史观的基本观点。在马克思之前的一众哲学家，有些重于说教、轻视实践，有些则对"实践"有所注意，提出关于实践的一些理念，但大多是片面的理解和阐释，具有一定的理想化色彩和局限性。马克思正是在对前人旧哲学实践观的总结与批判中，逐步确立起了科学的实践观。在《关于费尔巴哈的提纲》中，他首次正式地提出马克思主义实践范畴，批判旧唯物主义对人意识能动性的忽视。随后，他又与恩格斯合著《德意志意识形态》，肯定了"现实的人"，指明物质生产的重要性，在实践的基础上确立了历史唯物主义的思想。

马克思主义实践观念认为，社会生活的本质就是实践。马克思在《关于费尔巴哈的提纲》中提到，

## 第二章　发扬斗争精神的理论基础

人的实践可以解决一切将理论引向神秘的东西。实践是破除神秘的利刃，是人们认识世界的基础。人只有在实践中，才能不断解决未知的谜题，破除困惑，走向光明。首先，实践具有自主性与创造性，人在实践中认识、掌握并运用客观规律，最终改造客观世界，形成适合人类生存与发展的属人世界，实践的最终目的就是改变社会、改造世界。其次，实践是具有直接现实性的，既与人自身的主观活动相关联，又超越精神范围，外化为客观现实存在。通过实践，人可以达成自身目标，也可以检验自身认识的对错。实践的过程就是一个矛盾运动的过程，实践是在自身内在矛盾、主客体之间矛盾的斗争与解决中不断被推进的。理论源自实践，又进一步指导实践。实践是检验理论正确与否的标准，使理论不断发展，进而指导新的实践。

社会在矛盾运动中前进，有矛盾就会有斗争。斗争由于矛盾的普遍存在而存在，从本质上来看，就是认识、分析并解决问题与矛盾。为了解决这些长期存在的社会矛盾，就必须进行斗争的实践活动。马克思主义的实践本性，决定了其同时也具备着斗争的理论特质。新时代的伟大斗争精神坚持问题导向，致力于在重大挑战、风险、阻力、矛盾中团结带领人民临危不惧，有效应对。不断地聚焦于发展中产生的新矛盾与问题，在实践中研究新形势、新情况，完善理论认知。发扬斗争精神要求做到知行合一，理论与实践相结合，在实践中检验发展理论，最终在斗争中完成一个又一个新目标。这样永无止境地改革创新实践的斗争精神，正是形成于马克思主义实践观的指导，充分体现出马克思主义的实践本性。

要理解实践性，不能将目光只放在实践性本身上，而必须进行系统的、科学的、全面的观察与思考。马克思主义的实践性、科学性、人民性与开放性是有机统一的，四者相互联系、不可分割，都建立在实践的基础上，这也是马克思主义理论不断发展创新并引领时代的强大动力。第一，马克思主义是一门科学，其实践性与科学性相统一。马克思科学的理论思想基础正是实践，在实践中揭示人类社会的发展规律，提供改造世界的科学方法。马克思主义为无产阶级的斗争提供了科学的理论基础，指导无产阶级政党领导人民群众积极参与斗争。实践出真知，斗争精神同样立足于实践，以马克思主义为指导能够帮助我们认清斗争本质，从而在实践中以科学务实的态度分析斗争形势，开展斗争活动。第二，马克思主义是人民的理论，其实践性与人民性相统一。马克思主义唯物史观指出，

## 第二章　发扬斗争精神的理论基础

人民是历史的创造者，是社会历史发展决定性的力量。因而人民在马克思主义中始终占据着重要的地位。马克思主义坚持人民立场，确立了"为绝大多数人谋利益"的实践目标，为满足人民群众的需求而不断奋斗，在革命斗争实践探索中实现人民解放。其鲜明的人民性就决定了马克思主义必然具有斗争精神这样的理论品格，斗争精神中也必然体现着为人民而斗争的实践本性。斗争精神深刻地继承马克思主义实践本性的人民立场，要求"为人民而战"。第三，马克思主义不是僵化的理论体系，其实践性与开放性相统一。正如恩格斯所说，马克思主义并非教条，它提供的是深化研究的出发点和方法。它在实践中探索时代课题，回答并解决发展前行中所遇到的新问题、新挑战。斗争精神的发扬同样具有长期性与时代性的特征，不同的时代聚焦不同的困难挑战，因而也就会形成有所差异的斗争主题。习近平总书记提出："我们党要团结带领人民有效应对重大挑战、抵御重大风险、克服重大阻力、解决重大矛盾，必须进行具有许多新的历史特点的伟大斗争。"[1] 在斗争实践中，中国共产党人不仅关注并

---

[1] 习近平：《决胜全面建成小康社会　夺取新时代中国特色社会主义伟大胜利——在中国共产党第十九次全国代表大会上的报告》，人民出版社 2017 年版，第 15 页。

解决新时代前进阶段面临的各种现实问题，同时也在斗争实践中结合具体国情与时代特征推进马克思主义中国化，提出了许多具有时代特征的理论思想，使马克思主义在中国焕发出蓬勃的时代生命力，为斗争精神的发扬准备了强大的理论武器。

## 二、斗争精神植根于中华优秀传统文化

斗争精神作为中华民族历经风雨沧桑而始终生生不息的重要支撑，是中国人民不惧困难考验、自信自立自强的精神力量，是中华优秀传统文化中历史与时代价值的集中体现。在中华优秀传统文化的赋予下，斗争精神生动呈现了中华民族在苦难辉煌中砥砺前行的斗争历程，成为中华民族最深沉的文化禀赋。从具体内容上看，中华优秀传统文化中关于斗争精神的认识集中体现在不畏斗争考验、坚定斗争意志、增强斗争感知、善用斗争方略等四个方面，成为中国共产党斗争精神的历史文化底蕴。

（一）不畏斗争考验：不畏浮云遮望眼，乱云飞渡仍从容

进入新时代以来，国际局势风云变幻，国内影响

## 第二章　发扬斗争精神的理论基础

改革发展稳定的变量层出不穷，各种可以预见和难以预见的风险挑战不断涌现。习近平总书记在2019年秋季学期中共中央党校（国家行政学院）中青年干部培训班开班式上的讲话中提到，要做到在各种重大斗争考验面前"不畏浮云遮望眼""乱云飞渡仍从容"[①]。这是正确应对各种风险挑战、经受住斗争考验的必然选择。斗争蕴含着辩证法的哲学意蕴。《易经》中有以柔克刚、阴阳相互转化等理念，阐释了事物的相对性。老子提出"有无相生，难易相成"（《道德经·第二章》），解释了双方矛盾对立又相辅相成的关系。在人自身的成长过程中，在人与人的社会交往过程中，在人与自然界相互影响的过程中，都蕴含着矛盾。当矛盾表现出对立性时，往往伴随着斗争考验，需要发扬斗争精神，从容应对，化险为夷。

首先在锤炼自身品质方面，"修其心治其身，而后可以为政于天下"。个人品质包括心灵、智商、情商、健康、能力等多元要素，因此要战胜阻碍个人成长发展的自身考验，就要锤炼品质，实现自身全面发展。第一，要陶冶心灵和强健体魄。心灵是个人意志和情感的体现，健康的心灵可以辨别是非善恶，作出判断

---

[①] 《习近平谈治国理政》第三卷，外文出版社2020年版，第226页。

并作用于行动,作出有利于而不是有害于他人的行为。《管子·任法》中云:"利身体,便形躯,养寿命,垂拱而天下治。"身体是行动的物质承担者,健康的身体是战胜各种困难考验的重要依托。第二,要实现智商情商双提高。《增广贤文》中云:"学如逆水行舟,不进则退。"学习是通过思考、见闻、实践等多种途径获得知识的过程,通过获得直接经验和间接经验更加清晰地认识世界。第三,要提高动手能力,将获取的丰富知识转化为改造世界的现实力量。

其次在谋求合作共赢方面,"千人同心,则得千人之力"。人在日常生活中除了要战胜自身考验,还会面临来自自然界、社会等多样的外界考验。个人力量无法应对风险挑战,因此人与人在交往过程中经常通过合作来达到共同目的。中国历史上第一次全国规模的农民大起义,即秦末农民起义,是农民之间合作共同反对暴秦、与暴秦竞争利益的现实之举。公元前209年,陈胜、吴广等人被征发去渔阳戍边,途中遇大雨误期,根据秦朝法律,他们一律应被处死。为了保全性命,陈胜、吴广领导戍卒发动反秦起义,提出"王侯将相宁有种乎"的口号。这场起义彰显了农民阶级团结起来的强大力量,也是不惧斗争考验、反对压迫和不公平待遇、谋求自身合理利益的典范。

最后在追求和谐共生方面，天人合一，道法自然。自然界为人类社会的发展提供物质基础，中国自古以来就是农业大国，农业生产历史悠久，这是合理利用和改造自然以造福人类的体现。但古代科学技术发展水平落后，自然界的变化对人们的生产生活影响较大。成都平原地势平坦，适合耕种，但每当雨季来临时，岷江和其他支流水势骤涨，往往泛滥成灾。在这样的背景下，时任秦国蜀郡太守李冰和他的儿子，吸取前人的治水经验，发动当地百姓，主持修建了著名的都江堰水利工程。尊重自然界的发展规律，正确处理自然界与人类社会的关系，以科学的方式应对自然界带来的风险挑战，实现人与自然和谐共生，是中华民族绵延至今的千古智慧。

（二）坚定斗争意志：志不强者智不达，言不信者行不果

习近平总书记在中共十九届六中全会第二次全体会议上的讲话中说道："志不强者智不达，言不信者行不果。"[①] 我们党在内外忧患中诞生，在历经磨难中成长，在攻坚克难中壮大，锤炼了不畏强敌、不惧风险、敢于斗争、敢于胜利的风骨和品质。意志是人自觉地

---

① 《习近平谈治国理政》第四卷，外文出版社2022年版，第81页。

确定目的并支配行动、克服困难、实现目的的心理过程，即人的思维过程见之于行动的心理过程。因此，意志要发挥作用，必须通过现实行动实现。实现意志能动地作用于行动，要确定目标，明确方向，在将目标转化为现实的过程中发挥意志的调节作用，从而实现行动的持续性与现实性。

首先在确定目标方面，志之所向，无坚不入。目标是指寻求、探索、攻击的对象，具有明显的指向性。明确斗争目标是坚定斗争意志、激发斗争动力的前提。《西游记》作为中国传统古典名著，在中国人的精神引领、性格塑造、品格培养等方面发挥了重要作用。小说以"西天取经"为终极目标和故事主线，讲述了师徒四人历经万难最终修成正果的故事。取经途中他们不仅要跋山涉水，还要与妖魔鬼怪斗智斗勇，几经师徒分道扬镳但又因目标尚未实现、师徒情义深重而重归于好，经历九九八十一难后最终取得真经。日常生活中开展工作或完成任务，要预先设定目标。有了目标，即使过程中遇到困难也能及时纠偏，朝着既定方向努力。

其次在坚定意志方面，精诚所至，金石为开。在认识、了解客观事物的基础上回答"是什么"的问题，激发情感回答"应如何"的问题，进而产生意志回答"怎么做"的问题,"知情意"从主观层面对问题进行初步判断与解读。意志表现为人的心理状态,应对斗争考验离不开顽强的意志品质。古人历来强调要具备坚强的意志。出自《列子·汤问》中的"愚公移山",如今已成为家喻户晓的寓言故事。"吾与汝毕力平险,指通豫南,达于汉阴,可乎?"愚公已是耄耋之年,依然关心现实问题并提出移山的壮志。在面对质疑声时,愚公回应道:"子子孙孙无穷匮也,而山不加增,何苦而不平?"这一寓言故事彰显了愚公不畏艰难、坚持不懈的意志品质,对后世具有重要的启发意义。

最后在付诸行动方面,功崇惟志,业广惟勤。只有"知情意行"四者相互作用、步步落实,才能最终实现目标。实践是实现目标、克服困难的关键。只在主观层面构思,永远无法取得成果。"赤壁之战"是中国历史上以弱胜强的著名战役,面对强大的曹军势力,孙权、刘备没有退缩,而是以军事智慧和勇气担当结盟抗战,借水战之利,巧用火攻,战胜曹军。追求目标和成功的道路不是一帆风顺的,往往充满着困难考验,在这种情况下就需要正确认识问题,合理调控情绪,以坚韧不拔的意志品质指导行动。

## （三）增强斗争感知：草摇叶响知鹿过，松风一起知虎来

习近平总书记指出："领导干部要有草摇叶响知鹿过、松风一起知虎来、一叶易色而知天下秋的见微知著的能力，对潜在的风险有科学预判，知道风险在哪里，表现形式是什么，发展趋势会怎样，该斗争的就要斗争。"① 中华民族自古以来就十分重视斗争感知，在危机面前做到寸步不让、敢于斗争，在承平时期也能备豫不虞。《孟子·告子下》中写道："人恒过，然后能改；困于心，衡于虑，而后作；征于色，发于声，而后喻。入则无法家拂士，出则无敌国外患者，国恒亡。然后知生于忧患，而死于安乐也。"春秋战国时期，战争频发，孟子的这篇文章告诫世人：个人只有在困苦中磨炼，才能有所作为；国家要想和平安康，就不能安于现状。可见，中华民族对斗争感知的重视早已有之。增强斗争意识，对于个人而言，是君子深谋远虑的体现，深图远算者是国家栋梁，协助君主打造盛世，得青史留名；增强斗争意识，对于国家而言，是"古者国家无事则预桑土之谋"的未雨绸缪，也是

---

① 《习近平谈治国理政》第三卷，外文出版社 2020 年版，第 226—227 页。

## 第二章　发扬斗争精神的理论基础

"有事则议金汤之策"的运筹帷幄。

首先，在个人品德方面，《诗经》中提及："战战兢兢，如临深渊，如履薄冰。""迨天之未阴雨，彻彼桑土，绸缪牖户。"而后孔子有言："人无远虑，必有近忧。"（《论语·卫灵公》）《周易正义》中说："以为忧患兴德为本也，六十四卦悉为修德防患之事。"在细小之处体现斗争感知、于平常处如履薄冰是君子的品德之一。很多贤人志士早已回溯历史洪流，于其中总结出居安思危的道理，在保全自身的同时提醒君主增强斗争感知，由此造就段段佳话。商鞅建言"愚者暗于成事，智者见于未萌"（《商君书·更法》），秦孝公允而成商鞅变法，流传千古；魏徵《谏太宗十思疏》中提及"不念居安思危，戒奢以俭"，"斯亦伐根以求木茂，塞源而欲流长也"，魏徵被李世民称为一面镜子，辅佐李世民共创"贞观之治"的盛况。可见，增强斗争感知是治国理政的一剂良方。

其次，在国家治理方面，居安思危、增强斗争感知既是太平盛世忧劳兴国的法宝，也是战乱时期保全自身的灵丹妙药。春秋时期，齐、晋等十二国攻打郑国，郑国国君向晋国求和，并向晋国送去歌女、乐师等大量礼物。晋国国君大悦，魏绛告诫他："《书》曰：'居安思危。'思则有备，有备无患，敢以此规。"

（《左传·襄公十一年》）由此，"居安思危"这个成语就存在于中国传统文化之中。西周时期，周幽王沉迷美色、不理国事，甚至"烽火戏诸侯"，只为博美人一笑，最终导致了国家的灭亡；五代时期，后唐庄宗李存勖在创业初期常以"思危"提醒自己，最终灭后梁一统北方，然而，"及仇雠已灭，天下已定"，他却纵情享乐，危急关头落得众叛亲离的下场。除此之外，在作战方面，增强忧患意识、强化斗争感知，也是古代军事文化中不可或缺的一部分。《孙子兵法·九变》中云："故用兵之法，无恃其不来，恃吾有以待之；无恃其不攻，恃吾有所不可攻也。"在战乱时期，即使双方处在息战状态，也要保持警惕，增强斗争感知，不能疏忽大意，这是在战争中保全自身的基本条件。

增强斗争感知、胸怀忧患意识在中华民族的传统文化中极其重要。"人生代代无穷已，江月年年只相似"，新时代的制度设施虽和以往大不相同，但在如何造就太平盛世方面仍有些可以遵循的规律。中国共产党人在吸收中华优秀传统文化的过程中，早已将增强斗争感知的优秀品格传承下来，作为中国共产党斗争精神的一部分一以贯之。

## 第二章 发扬斗争精神的理论基础

**(四)善用斗争方略:善战者,立于不败之地,而不失敌之败也**

习近平总书记指出:"'善战者,立于不败之地,而不失敌之败也。'唯有主动迎战、坚决斗争才有生路出路,才能赢得尊严、求得发展。"[①] 中华民族自古以来就十分重视斗争方略,中国古代明君在治理国家上善用方法,选贤任能,加强斗争的左膀右臂;行爱民之道,得固国之本,牢固斗争基础。这为中国共产党对斗争方法的运用提供了基本遵循。除此之外,古代军事作战中的斗争方略也为中国共产党抵御外敌的斗争提供了历史参照。

首先,在治理国家方面,中国古代统治者就善用斗争方略,其中许多思想精华沿用至今。主要体现在:其一,举贤选能,贤良之士众,则国家之治厚。自古以来,选贤任能就是贤良君主治理国家的重要一环,选用贤人是斗争策略的一方面。"古者圣王之为政,列德而尚贤。虽在农与工肆之人,有能则举之。高予之爵,重予之禄,任之以事……故官无常贵,而民无终贱,有能则举之,无能则下之。"(《墨子·尚贤上》)

---

① 《习近平谈治国理政》第四卷,外文出版社2022年版,第83页。

不仅要选好人，而且还要将有才能的人用在正确的位置。"按名督实，选才考能，令实当其名，名当其实。"（《六韬·文韬》）不用世俗的眼光来看人，按照职务选用人才，使得实与名相当，才是好的选人用人方法。越来越完善的选拔制度以及用人方法使得君主身边的贤臣越来越多，还使社会兴起崇德尚学的氛围。其二，实行爱民之道，得固国之本，牢固斗争基础。《尚书》中云："皇祖有训，民可近，不可下，民惟邦本，本固邦宁。"人民是国家的根本，重视人民、实行爱民之道是中国古代贤明君主巩固权力根基的策略。周能灭掉商这样一个"邦畿千里"的大国，一个重要的原因就是商纣王重刑罚、轻人民，丧失民心，在牧野之战中，多数人倒戈叛变。不可一世的商朝顷刻间灭亡。可见，民心在治国的斗争方略中多么重要。

其次，在作战方面，中国古代善用斗争方略取胜的事例更是数不胜数。《孙子兵法》中讲道："兵者，国之大事，死生之地，存亡之道，不可不察也。"可见军事斗争对于国家的重要性。其中的军事计谋，更是制敌取胜的重要法宝。孙子说："兵者，诡道也。故能而示之不能，用而示之不用，近而示之远，远而示之近。""攻其不备，出其不意。"东汉末年，孙权、刘备联军在赤壁与曹操大军交手,周瑜利用曹操的骄傲轻敌,假装投降,率小船十艘,装上柴草并灌上油,在离曹营二里之处,十艘小船一起点火,朝着曹营冲去,曹军舟船烧毁,伤亡惨重,大败撤退。这是历史上著名的以少胜多的战役,此战使得曹操失去了短时间内统一全国的可能性,形成天下三分的局面,奠定了三国鼎立的基础。善用斗争计谋,在关键之战中逆转乾坤取胜的事例还有很多,围魏救赵、破釜沉舟、火烧赤壁、七擒孟获等成语典故都出自古人对战术的总结,这些成语至今仍耳熟能详并被广泛运用。中国共产党人在中华优秀传统文化中汲取善用斗争战略的部分,运用到如今的斗争精神之中,在新时代新的伟大斗争之下,传统文化中的斗争方略给中华民族的伟大复兴提供养分,为实现第二个百年目标添砖加瓦。

## 三、斗争精神源自马克思主义政党的理论品格

代表特定阶级、阶层的利益意志的政党,有其独立的纲领、路线与策略,是为政权而斗争的政治组织。马克思、恩格斯认为,政党在阶级斗争中产生,是阶级社会中一定阶级的积极代表,为了共同的政治目标

与利益，在阶级斗争中形成的组织。在马克思主义的理论本性中应运而生的斗争精神，也作为马克思主义政党独一无二的理论品格鲜明呈现。随着资产阶级与无产阶级矛盾的日益加深，为了从被剥削、被统治的现实中获得解放，无产阶级必须自发地组织起来进行斗争。具有斗争精神的马克思主义对世界无产阶级革命起到了重要的指导作用，为世界无产阶级政党指明了立场、方向与原则，指引其在斗争中不断从胜利走向胜利，不断成长壮大。于阶级斗争实践中诞生的马克思主义政党，其本身的理论品格正是斗争精神的重要来源。这种敢于斗争的理论品格，呈现在马克思、恩格斯建设无产阶级政党的理论之中，贯穿于马克思主义政党诞生和发展的过程中，更是中国共产党发展壮大的精神力量。

1848年《共产党宣言》的发表，代表着马克思主义的诞生，这是马克思与恩格斯为共产主义同盟所起草的党纲。共产主义同盟是世界上第一个国际性无产阶级政党，《共产党宣言》是世界无产阶级的第一个纲领性文件，指明了马克思主义政党的建设方向，为共产党人的思想理论奠定了基础，具有十分重要的历史意义。《共产党宣言》作为马克思与恩格斯对党建探索的重要理论成果，系统而具体地阐述了马克思主义政

## 第二章　发扬斗争精神的理论基础

党的使命、性质、特征、目标等问题，从中可以清晰地感受到其顽强不屈的斗争品格。首先，斗争是马克思主义政党的使命。《共产党宣言》指出，无产阶级是最先进、最具革命彻底性的阶级，担负着推翻资产阶级的统治、消除资本主义剥削制度、建立起聚焦于每个人发展的新社会的历史使命。只有无产阶级才能带领人民群众进行彻底的革命斗争，摆脱被压迫的现实。其次，马克思主义政党的性质奠定了其为广大人民群众斗争的精神基调。《共产党宣言》首次明确了共产党作为无产阶级政党的性质与其先进性，这一性质将共产党与其他无产阶级政党进行区分，注定了作为马克思主义政党的共产党是为了绝大多数人的利益斗争的政党。最后，无产阶级政党在广大无产阶级的斗争实践中为了实现斗争目标而诞生。《共产党宣言》中提到，无产阶级夺取政权与改造社会的必要条件就是建立起无产阶级政党。无产阶级仅靠自发的运动难以实现夺取政权、改造社会的目标，必须要有属于自己的政治组织。共产党人要始终代表广大无产阶级的整体利益，为工人阶级的利益与未来而不懈斗争，最终实现消灭阶级对立与差别的目标。《共产党宣言》作为世界无产阶级政党的第一份纲领性文件，对马克思主义政党建设起到指导作用，对马克思主义政党理论品格起到决定作用，影响着全世界共产党人。

马克思主义政党与世界上其他政党相比，始终具备着鲜明的先进理论品格。一个政党的成立与发展离不开科学理论的指导，坚定的马克思主义信仰始终是支撑共产党人不断斗争的力量。在理论与信念的引领下，马克思主义政党形成了实事求是、求真务实的科学性品格，为绝大多数人谋利益的人民性品格，勇于进行社会革命与自我革命的革命性品格，不断推进实践基础上理论创新的发展性品格。这些品格诞生于马克思主义的理论品质，成熟于革命建设的实践，同样是斗争精神形成的重要源泉。

坚持"实事求是"的理论品格，为马克思主义政党开展斗争提供了科学依据。坚持从实际出发，以事实为依据，密切地将理论与实践相结合，以实践检验并不断发展真理是马克思主义不可或缺的理论品质。具有科学性的马克思主义为无产阶级运动提供了科学的指导，为无产阶级政党提供了强大的思想武装，使其从神学与唯心主义的禁锢中解脱出来，树立起正确的观念，能够科学地认识世界、改造世界。科学性同样是马克思主义政党的重要品格，体现在其时刻以马克思主义为指导，将其理论与时代国情、革命实践相结合，从事实出发，以问题为导向不断斗争、不断发

## 第二章 发扬斗争精神的理论基础

展。在无产阶级政党发展的过程中,马克思主义始终占据着重要的指导地位,为各国无产阶级政党提供科学的理论指导。在马克思主义的指导下,一代代共产党人坚定理想信念,以实现共产主义的崇高追求为理想目标不懈奋斗。从巴黎公社到俄国十月革命,再到中国共产党的成立与壮大,理论与实际不断地结合发展,实事求是的科学性品格始终是马克思主义政党不可或缺的重要品格。

自鸦片战争开始,中国饱受西方列强的侵略,无数爱国者们开始探索救亡图存的道路,但最终都以失败告终,其缺少的正是符合中国实际的科学理论的指引。中国共产党历经百年风雨,仍能在时代中保持生机活力的重要原因,就在于它具有实事求是的科学品格。自成立以来,中国共产党始终以马克思主义为指导,科学地对待马克思主义,并将其不断与实际结合,形成了许多重要的理论成果。也正是得益于这样的品格,中国共产党人以实际问题为导向,坚持马克思主义的立场观点,坚定斗争方向,坚持实事求是的唯物论,把握事物发展的客观规律,主动斗争,坚持统筹兼顾的辩证法,在斗争实践中统一"两点论"与"重点论",在实践中形成了科学的斗争精神。同时,也立足实践实现两个"相结合",为追求真理而斗争,为弘扬伟大斗争精神不断地提供科学的方法论指导。

坚持"人民至上"的理论品格，为马克思主义政党开展斗争注入强大力量。人民性是马克思主义最鲜明的理论特征。始终同人民群众保持密切联系，全心全意服务于人民、造福于人民，也是马克思主义政党区别于其他政党的标志性品格。在马克思与恩格斯的政党理论思想之前，一切政党都是为了统治阶级少数人的特权而服务的。马克思、恩格斯在《共产党宣言》中立足于现实的人，提出无产阶级政党要为了全人类的解放而奋斗，为无产阶级的斗争指明了目标，明确了立场。习近平总书记指出："马克思主义博大精深，归根到底就是一句话，为人类求解放。"[1] 马克思主义政党没有任何与无产阶级不同的自身特殊利益，坚持人民至上、为民造福，保护人民群众的利益，就是共产党人的初心与使命。巴黎公社的成立使得"普选权"落实到了实践当中，在此之前，选举的权利一直被统治阶级掌控，被"肤色""出身""性别"等各种条件所限制，没有任何一个统治者完全赋予每个人以选举权。巴黎公社运动真正地让每个公民都拥有了平等的选举权与被选举权，可以自由地选择代表自身利益的

---

[1] 习近平：《在纪念马克思诞辰200周年大会上的讲话》，《人民日报》2018年5月5日。

领导者。这是无产阶级政党领导人民当家作主最早的体现，马克思在《法兰西内战》中对此给予了高度肯定，丰富了马克思主义政党理论。列宁在指导俄国农民运动、进行无产阶级革命时坚持马克思主义的指导。他指出，无产阶级政党必须全力支持农民起义，直到彻底推翻官府和地主的政治特权；党的刊物是为千千万万劳动人民的未来服务的。十月革命胜利后，颁布《土地法令》以废除地主土地所有制、推行新经济政策以保护俄国人民权益等措施，同样都是人民性品格的凸显。

人民性在中国共产党百年奋斗史中得到了充分的贯彻。以马克思主义为指导的中国共产党作为马克思主义政党，自成立起就与人民站在一起，开展土地革命，坚持群众路线，提出全面建成小康社会思想，积极开展脱贫攻坚工作，等等。中国共产党人的初心与使命就是人民的幸福与民族的复兴，斗争将围绕着人民群众的根本利益展开。新时代发扬斗争精神也正是在其人民性品格中凝聚而成的，人民群众的信任与支持始终是中国共产党人战胜艰难险阻的保障，是斗争精神形成并发扬的不竭源泉。中国共产党始终代表最广大人民的根本利益，坚持人民立场与群众路线，坚持人民至上的发展理念和价值追求，彰显人民情怀，与人民风雨同舟，为人民的美好生活而斗争，善于组织群众进行伟大斗争，在维护人民群众根本利益的斗争中磨炼斗争意志，增强斗争能力。

坚持"敢于革命"的理论品格，使马克思主义政党在斗争中成长壮大。革命在马克思主义理论中占据着极为重要的地位。恩格斯提到，马克思首先是一名革命家，他毕生的使命就是参与推翻资本主义，解放现代无产阶级。可以看出，马克思主义就是为了指导无产阶级进行革命而诞生的，马克思主义理论正是无产阶级革命的理论，具有革命性的理论品格。革命斗争对马克思主义政党意义深重，这就要求马克思主义政党必然是具备鲜明革命品格的政党，时刻秉持着敢于革命、彻底革命的斗争精神同资产阶级进行顽强斗争，同一切错误思想进行不懈斗争，彻底消除资本主义所有制，建立起共产主义社会。马克思指出，只有无产阶级才是真正的革命阶级。从欧洲革命到俄国十月革命，再到中国新民主主义革命胜利，在马克思主义的指导下，各国无产阶级牢记解放全人类的理想使命，向着创建新世界的目标不断进行不屈不挠的革命斗争，在革命中成长，彰显了马克思主义政党鲜明的革命性品格。

习近平总书记强调："要继承和发扬老一辈革命家

'宜将剩勇追穷寇，不可沽名学霸王'的革命到底精神。"① 中国共产党同样是勇于革命、善于斗争的马克思主义政党。自成立以来，中国共产党人深入思考中国革命实际，以马克思主义为指导坚持革命斗争实践，从中获取经验，将中国革命具体实际与马克思主义基本原理相结合，攻坚克难，砥砺前行，战胜无数艰难险阻，完成一个个伟大目标，最终以勇敢顽强的革命精神砸碎旧政权，建立新中国，使中国在社会主义道路上昂首阔步。除了社会革命，中国共产党人的革命品格还体现在敢于自我革命的精神中。习近平总书记指出："勇于自我革命是中国共产党区别于其他政党的显著标志。自我革命精神是党永葆青春活力的强大支撑。"② 作为有着先进性与纯洁性的马克思主义政党，勇于自我革命是不可缺少的品质之一。中国共产党历经百年风雨依然生机盎然，正是由于我们党具有勇于自我革命的精神。八七会议、古田会议、遵义会议、延安整风、践行"两个务必"思想整风整党、反对"四风"、坚定不移开展反腐败斗争，这些历史事件反映出中国共产党自建立以来始终坚持从严治党，以自

---

① 习近平：《论中国共产党历史》，中央文献出版社 2021 年版，第 259 页。
② 《中共中央关于党的百年奋斗重大成就和历史经验的决议》，《人民日报》2021 年 11 月 17 日。

我革命的精神主动改正错误思想，在问题中总结经验，不断将自身修正发展，走向一个又一个胜利。中国共产党以顽强不屈的革命品格同帝国主义、封建主义、官僚资本主义斗争，同损害党先进性与纯洁性的因素斗争，同各种风险挑战斗争，在革命中形成了敢于斗争的伟大精神。

坚持"与时俱进"的理论品格，使马克思主义政党在实践中创新，在斗争中发展。作为始终在时代中成长的理论，马克思主义拥有着开放性的理论品格。其理论思想追根溯源本就来自社会实践，严格地以客观事实为依据，因此也在实践中不断发展。由于不同国家发展水平与条件的差异，在不同的时代背景、不同的社会实际下，其革命策略与目标各具特点，马克思主义就有着不同的具体表达形式。在完成《共产党宣言》后，马克思与恩格斯投身无产阶级革命之中，总结经验教训，为《共产党宣言》补充了七篇序言；列宁坚持马克思主义的指导，从俄国革命实践出发，创造性地提出了符合俄国实际的一系列思想观点；中国共产党人在百年发展中，以斗争不断推动马克思主义扎根中国并与时代相适应。事实证明，马克思主义的发扬光大，正是得益于马克思主义政党不断推进实践基础上的理论创新的发展性品格。

## 第二章　发扬斗争精神的理论基础

中国共产党在探索革命道路的过程中，同教条化马克思主义进行了坚决的斗争。毛泽东同志科学地分析国情与革命实际后指出，必须要将马列主义中国化，最终领导人民取得一个又一个胜利。马克思主义在中国文化沃土中得以顺利扎根，开启了其与中国实际一步步结合的道路。中国共产党始终坚持推进两个"相结合"，在实践中积极探索属于自己的道路与理论，将全新的时代生命力注入其中，使得马克思主义中国化实现一次次飞跃。马克思主义中国化的过程，毋庸置疑是中国共产党人不断斗争、在斗争中总结经验的过程。中国共产党人在不同发展阶段聚焦现实问题、结合时代特征进行具有许多新的历史特点的伟大斗争，在斗争实践中结合具体国情与时代特征，将马克思主义扎根中国大地，提出一系列与时俱进的理论思想，彰显了马克思主义政党发展性的创新品格，在不断创新中发扬积极进取的斗争精神。

# 第三章　敢于斗争是我们党的鲜明品格

习近平总书记在2021年春季学期中央党校（国家行政学院）中青年干部培训班的开班式上指出："敢于斗争是我们党的鲜明品格。"① 敢于斗争是中国共产党人鲜明的政治品格，同时也是我们党独有的政治优势。这不仅源于我们党对共产主义理想信念的坚定，对实现中华民族伟大复兴这一历史重任的坚守，对全面建成社会主义现代化强国的期盼，还源于我们党对广大人民群众的深深热爱。没有哪一条奔腾向前的江河，不曾历经无数溪流艰苦而漫长的汇集，不曾穿越千山万壑的阻隔。党成立以来，我们遭遇了如此多的艰难险阻和危险考验，也付出了如此多的辛勤汗水和壮烈牺牲，但中国共产党人始终坚持依靠斗争求得生存、赢得胜利、谋得发展，锤炼了敢于斗争、勇于胜利的精神品质。敢于斗争已经深深融入了我们国家、民族、人民的血脉之中，砥砺锻造了共产党人的风骨、气节、

---

① 《立志做党光荣传统和优良作风的忠实传人　在新时代新征程中奋勇争先建功立业》，《人民日报》2021年3月2日。

操守、胆魄,成为我们党的鲜明品格。

## 一、敢于斗争是党和人民不可战胜的强大精神力量

党的十九届六中全会通过的《中共中央关于党的百年奋斗重大成就和历史经验的决议》指出:"敢于斗争、敢于胜利,是党和人民不可战胜的强大精神力量。"[①] 从石库门到天安门,从小小红船到巍巍巨轮,无数共产党人披荆斩棘、敢于斗争,以"踏平坎坷成大道,斗罢艰险又出发"的拼搏意志,铸就了党和人民不可战胜的强大精神力量。在险恶而又漫长的历史征程中,敢于斗争、敢于胜利的精神品质是最为重要的。一个人有了这样的精神,将充满自信、步伐坚实;一个民族有了这样的精神,将一往无前、战无不胜;一个大国有了这样的精神,将众志成城、不可阻挡。我们党从历史中走来,对风险和挑战并不陌生,对斗争和胜利更是熟悉。从战胜特大洪水到实现震后重建,再到打赢新冠疫情防控攻坚战,我们总能转危为安、化险为夷,我们流下的每一滴汗水、流出的每一滴眼

---

[①]《中共中央关于党的百年奋斗重大成就和历史经验的决议》,人民出版社2021年版,第69页。

泪、流淌的每一滴鲜血，都代表和见证了中国共产党人和中国人民敢于斗争、顽强拼搏的勇气与决心。

百年的伟大成就离不开具有斗争精神的中国共产党人，敢于斗争锻造了中国共产党人的革命理想与信念，培育了中国共产党人的无私品格与无畏勇气，坚定了共产党人的必胜信心与决心，这是百年大党的成功之道，是党取得一次又一次胜利的力量源泉。有了敢于斗争的强大精神力量，才有了中华儿女不可阻挡的磅礴气概，才有了今天中国的繁荣昌盛，才有了我们向实现中华民族伟大复兴的中国梦继续前行的底气和勇气。条件越是艰苦，越是要敢于奋斗；局面越是危险，越是要敢于挑战；压力越是巨大，越是要敢于拼搏；矛盾越是尖锐，越是要敢于突破。正是因为有这样的气魄，才锻造了党敢于斗争、敢于胜利的坚韧精神品格，才造就了党和人民不可战胜的强大精神力量。

（一）敢于斗争的革命理想与信念是党和人民不可战胜的强大精神力量

2021年4月，习近平总书记在参观红军长征湘江战役纪念馆时指出："革命理想高于天。正是因为红军是一支有理想信念的革命军队，才能视死如归、向死

## 第三章　敢于斗争是我们党的鲜明品格

而生、一往无前、绝境重生,迸发出不被一切敌人压倒而是压倒一切敌人的英雄气概。"① 革命理想高于天,理想信念之火一经点燃就会产生巨大的精神力量,像熊熊之火一样照亮了革命的光明前程,指引着我们党朝着正确的方向坚毅前进。回首党的百年征程,几多跌宕起伏、惊心动魄、绝处逢生、化危为机,无论什么样的艰难困苦,中国共产党人都毫不退缩、勇往直前、敢于斗争,始终保持坚定顽强的斗争精神,这是党战胜一切强敌、跨过任何艰难险阻、完成每一个重大使命的根本保证。而这种根本保证,就是在坚如磐石的革命理想与信念之上建立的。

古人云,"志不立,天下无可成之事"。习近平总书记指出,"坚定理想信念,坚守共产党人精神追求,始终是共产党人安身立命的根本"②,"马克思主义政党不是因利益而结成的政党,而是以共同理想信念而组织起来的政党"③。对马克思主义的信仰,对实现共产主义的理想和信念,是共产党人的政治灵魂,是我们党战胜一切风险和挑战的精神支柱。实现共产主义

---

① 《习近平谈湘江战役:中国革命成功的奥秘就是靠理想信念》,2021 年 4 月 26 日,http://www.gov.cn/xinwen/2021-04/26/content_5602232.htm。
② 《习近平谈治国理政》第一卷,外文出版社 2018 年版,第 15 页。
③ 中共中央党史和文献研究院、中央"不忘初心、牢记使命"主题教育领导小组办公室:《习近平关于"不忘初心、牢记使命"论述摘编》,党建读物出版社、中央文献出版社 2019 年版,第 86—87 页。

绝不是喊喊口号、拉拉条幅、"土豆烧牛肉"那么简单，而是一个十分漫长、充满困难曲折的过程，但我们不能因为这是一个漫长过程就认为这是虚无缥缈的，就失去理想信念，贪图安逸、"躺平"享乐。自党成立之日起，以毛泽东同志为代表的一大批中国共产党人就始终把实现共产主义的革命理想信念树立为远大目标，并为之奋斗终生，历经艰辛志犹未悔。革命总会伴随着流血和牺牲，改革和发展也不会一帆风顺，只有通过能否在面临危险、遇到挫折时始终保持对革命理想信念的坚定态度，义无反顾、勇往直前，才能够真正检验出中国共产党是否称得上无产阶级革命政党，中国共产党人是否称得上无产阶级革命战士。

在党创建之际，党的最初领导人之一李大钊同志冒着生命危险积极筹建党组织，勇于与北洋军阀等落后、反动势力作斗争，在当时极其艰难的反帝反封建斗争中传播了马克思主义，成立了中国共产党。后来他虽然不幸被捕，受尽酷刑，但始终不改共产主义信仰，最后英勇就义。在风雨长征路上，面对国民党反动派的四处"围剿"、狂轰滥炸，红军战士心怀革命理想，硬是走出了一条向死而生的新路，他们坚信这条新路就是中国革命的真正出路，是拯救中华民族脱离苦海、通往彼岸的唯一道路。在抗美援朝战争中，志愿军将士们冒着枪林弹雨勇敢冲锋，绝不退后一步，因为他们深知身后就是祖国、就是人民，为了保卫祖国和人民，为了坚守理想和信念，必须挺身而出，与敌人斗争至最后一刻。在新冠疫情防控攻坚战中，无数党员胸怀理想信念，用实际行动践行初心使命，充分发挥先锋模范作用，诠释了对党忠诚、对人民赤诚的铮铮誓言，展现了共产党人的政治本色，彰显了共产党人的耀眼光彩。

百年风雨兼程，百年披荆斩棘。斗争具有长期性、复杂性和艰巨性，这决定了我们不仅需要有百折不挠、心坚石穿的斗争意志，更要有持之以恒、矢志不渝的理想信念。为了同一个理想，为了同一个信仰，无数中国共产党人"甘将热血沃中华"，哪怕付出宝贵生命，依然义无反顾、勇往直前。这是敢于斗争的力量，是斗争精神的支撑和指引。他们对于理想信念的坚守，已经深深融入血脉之中，成为党和人民不可战胜的强大精神力量。

（二）敢于斗争的无私品格与无畏勇气是党和人民不可战胜的强大精神力量

"士不可不弘毅，任重而道远。"（《论语·泰伯》）习近平总书记指出："担当和斗争是一种精神，最需要的是无私的品格和无畏的勇气。"① 无私者无畏，为公者恒强，无私和无畏者才敢于斗争。我们党始终将为人民谋幸福、为中华谋复兴作为初心使命，敢于斗争是我们党与生俱来的品质和傲骨，是一代代共产党人的精神传承。正是因为有无数在革命、建设和改革中无私奉献、挺身而出、迎难而上的前辈，才奏响了我们辉煌的百年历史颂歌，才能为党和人民立下不朽功勋。

古人云："无私者无欲，无欲者无畏，无畏者刚。"意思是说，忘我才能无欲则刚、甘于奉献；不畏惧才能勇于承担、敢于斗争。在新时代新征程中，要使斗争精神能够得到有效转化并不断升华，就必须提升自身修养并付诸实际行动。在加入中国共产党时，每一位党员都曾发出过"随时准备为党和人民牺牲一切"的坚毅誓言，为了坚守共产党人艰苦奋斗、牺牲奉献、开拓进取的伟大品格，中国共产党人必须始终保持高度的政治责任感和强烈的历史使命感，以无私的品格和无畏的勇气挺身而出、排除万难。一方面，敢于斗争需要有无私的品格。习近平总书记曾多次在不同场合饱含深情地说道："我将无我，不负人民。""无我"

---

① 《筑牢理想信念根基树立践行正确政绩观　在新时代新征程上留下无悔的奋斗足迹》，《人民日报》2022年3月2日。

## 第三章 敢于斗争是我们党的鲜明品格

包含着无私奉献的伟大品格，体现了为人民福祉而奋斗、牺牲的崇高境界，也正是有了千千万万追求"无我"境界的中国共产党人，我们才能打赢一场又一场艰苦卓绝的战斗，才能取得一次又一次斗争的胜利，才能和广大人民群众一起迎来从站起来、富起来到强起来的伟大飞跃。另一方面，敢于斗争需要有无畏的勇气。无畏的勇气是一种面对敌人或困难挑战时不怕牺牲、奋不顾身、无所畏惧的精神。百年大党之所以历经沧桑仍风华正茂、饱经磨难而生生不息，就是靠着"与天斗、与地斗、与人斗，其乐无穷"的大无畏精神。

唯有公而忘私，才能无所畏惧，才能敢于斗争。中国共产党人为什么能始终坚持敢于斗争，正是因为除了国家、人民的利益，没有什么其他特殊利益。党成立初期，国内矛盾尖锐，国际局势复杂危险，唯有走革命这一条路才能拯救中国，拯救中华民族，拯救中国人民。改革需要有站在前面的领导者，斗争也需要有不怕牺牲的战士。老一辈革命者从事革命不是为了谋求个人利益，而是为了争取民族独立、国家富强和人民幸福，他们身上充分彰显了共产党人崇高的个人品格。李大钊、方志敏、夏明翰、焦裕禄、杨善洲、李保国等优秀的共产党员，尽管所处的时代不同、工作岗位不同，但都具有一样的精神品质，那便是无私的品格和无畏的勇气。一代代中国共产党人，以行动和人生演绎着为祖国、为民族、为人民敢于斗争的时代精神。

党的十八大以来，面对国内艰巨繁重的改革任务和国际动荡不安的复杂局势，我们党不断推进自我革命，勇于直面问题，以敢于斗争的气魄正风肃纪反腐，坚持"老虎""苍蝇"一起打，回应了群众期盼，赢得了民心。这充分说明，唯有锲而不舍地发扬共产党人无私的品格和无畏的勇气，我们才能在风高浪急之时临危不惧，在艰难险阻面前百折不回，才能得到广大人民群众的支持和拥护，才能把党的正确主张变为群众的自觉行动，使其成为党和人民不可战胜的强大精神力量。

（三）敢于斗争的必胜决心和信心是党和人民不可战胜的强大精神力量

俄国著名文学家托尔斯泰曾经说过，决心就是力量，信心就是成功。要做到永葆斗争精神、敢于同强敌作斗争，必胜的决心和信心尤为重要，它们是开展攻坚克难的重要精神支撑。在党的七大闭幕词中，毛泽东同志号召各位党员，要"下定决心，不怕牺牲，

## 第三章　敢于斗争是我们党的鲜明品格

排除万难，去争取胜利"①。这极大地鼓舞和激励了冲在战斗一线的革命战士们，并为我们最终取得抗日战争和解放战争的胜利铸牢了强大的精神支柱，这也深刻证明了拥有必胜决心和信心对于斗争的重要性。习近平总书记指出："有了'自信人生二百年，会当水击三千里'的勇气，我们就能毫无畏惧面对一切困难和挑战，就能坚定不移开辟新天地、创造新奇迹。"② 拥有必胜的决心和信心，既是敢于斗争的重要动力，也是敢于胜利的重要保障。但敢于斗争的必胜决心和信心不是凭空来的，而是要在坚实的理论基础上、在具体的实际行动中、在深厚的历史文化底蕴下不断培育和建立起来的。

我们的必胜决心和信心来自马克思主义理论所彰显的科学性和先进性，来自具有五千年历史的中华优秀传统文化的历史积淀及其孕育而生的伟大民族精神。马克思主义是科学的理论，是先进的理论，是关于自然和人类社会一般规律的正确认识；而中华优秀传统文化是中华文明的智慧结晶和宝贵精华，是中华民族得以在历史长河中生生不息、不断创造辉煌的灵魂支

---

① 中共中央文献研究室、中央档案馆编：《建党以来重要文献选编（一九二一——一九四九）》第二十二册，中央文献出版社2011年版，第553页。
② 习近平：《在庆祝中国共产党成立95周年大会上的讲话》，人民出版社2016年版，第12—13页。

柱。一旦有了科学理论的指导，一旦吸收了优秀文化的养分，我们将拥有改造世界、建设美好未来的强大精神力量。在马克思主义理论的指导下，中国共产党带领人民依靠斗争深刻改变了自身和整个民族、整个国家的前途命运，昭示了马克思主义为什么"行"的强大生命力，为我们建立敢于斗争的必胜决心和信心奠定了坚实的理论基石；在中华优秀传统文化的滋养下孕育而生的伟大民族精神让我们在历史洪流中屹立不倒、挺立潮头，为中国发展和人类文明进步提供了强大的精神动力，让新时代的我们更加自信、更有骨气，由此焕发出的前所未有的历史主动精神和创造精神，为我们建立敢于斗争的必胜决心和信心积淀了深厚的历史文化底蕴。

我们的必胜决心和信心还来自以习近平同志为核心的党中央的坚强正确领导和习近平新时代中国特色社会主义思想的光辉引领。进入新时代，习近平总书记高屋建瓴、审时度势，在指明伟大斗争的历史特点、准确把握伟大斗争的方向立场原则、科学把握伟大斗争的时代要求的基础上，推动党和国家事业不断开创新局面。习近平新时代中国特色社会主义思想的世界观和方法论，是夯实敢于斗争、善于斗争的思想根基，是敢于斗争的根本遵循和科学方法，是指引全党全国

## 第三章　敢于斗争是我们党的鲜明品格

各族人民通过斗争创造历史性成就的思想指南,是我们做好各项工作取之不尽的精神财富和用之不竭的力量源泉。我们有决心也有信心,可以战胜前进道路上的一切风险挑战,奏响更加精彩的美丽华章。

敢于斗争的必胜决心和信心更来自人民群众的力量。虽然中华民族历经磨难,但中国人民勤劳勇敢、自强不息,拥有战胜一切敌人的强大力量。毛泽东同志指出,马克思主义的一条定律就是"斗争,失败,再斗争,再失败,再斗争,直至胜利——这就是人民的逻辑"[①]。人民是斗争的主体,是胜利之本。我们党的根基在人民、血脉在人民、力量在人民,人民的衷心拥护和全力支持是党敢于斗争、敢于胜利的最大底气。历史与现实已经印证了这一点,这也必将预见新时代我们继续斗争的胜利前景。

人到半山路更陡,船到中流浪更急。面对重大风险带来的各种挑战和困难,决心不够、信心不足、出现迷茫困惑很正常,但我们决不能因此就丧失了敢于斗争的精神。只要我们拥有敢于斗争的必胜决心和信心,就能够凝聚起团结奋斗的磅礴力量,不断夺取新时代中国特色社会主义伟大事业的胜利,实现人民对

---

[①] 《毛泽东选集》第四卷,人民出版社1991年版,第1487页。

美好生活的向往，构筑起党和人民不可战胜的强大精神力量。

## 二、党的百年奋斗史就是一部伟大斗争史

党的百年奋斗史是一部由依靠斗争、不断斗争、顽强斗争、英勇斗争所创造出的伟大历史。我们党诞生于内忧外患之中，在理想信念的指引下，在人民的期盼中，无论面对多么强大的敌人、多么艰险的道路，中国共产党人总是能挺身而出、无所畏惧、勇往直前。这一百多年来，中国共产党带领中国人民实现了伟大的历史飞跃，让人民过上了丰衣足食的生活，取得了举世瞩目的成就，而这一切都是通过不断斗争取得的。党的百年奋斗史充分证明，敢于斗争是战胜敌人的重要法宝，是引领人民前进的思想武器，是创造历史的精神密码。百年历程极为不易，唯有斗争才能长流不息。深刻学习和认识党的伟大斗争史，可以感受到党在各个历史时期，在应对不同的困难、风险、挑战、危机中所表现出来的巨大勇气、坚韧意志和高超智慧，这将成为新时代我们战胜各种风险和挑战、与一切强敌作坚决斗争的力量源泉和强大定力。

## 第三章　敢于斗争是我们党的鲜明品格

### （一）敢于斗争铸就新民主主义革命的伟大胜利

国家蒙辱、人民蒙难、文明蒙尘，是近代中国的真实写照。为了挽救民族和国家危亡，无数中华儿女奔走呐喊，进行了各种尝试，但都无一例外地失败了。而中国共产党的成立，让中华民族和中国人民从此有了主心骨、顶梁柱。在马克思主义的指导下，中国共产党人开始致力于通过积极斗争改变这一面貌，肩负起解救广大人民于苦海、拯救中华民族于苦难、振兴中国的历史重任。正如习近平总书记所指出的："我们党诞生于国家内忧外患、民族危难之时，一出生就铭刻着斗争的烙印，一路走来就是在斗争中求得生存、获得发展、赢得胜利。"①

建党初期，党的早期领导人就已经深刻认识到，要想取得革命的胜利，就必须正确把握当时社会的主要矛盾，通过民主革命的方式来解决矛盾，因而毅然确立起反帝反封建的革命斗争目标。大革命时期，党积极开展各类革命群众运动，扩大了党的队伍，并促成了国共第一次合作，掀起了国民革命的巨大浪潮。但由于各种客观原因以及自身实力比较

---

①　习近平：《在"不忘初心、牢记使命"主题教育总结大会上的讲话》，人民出版社 2020 年版，第 17 页。

薄弱、方针路线出现错误等情况，大革命遭到惨痛失败，这让党意识到要想获得革命的胜利，仅仅依靠普通形式的斗争是不够的，必须掌握武装斗争的领导权，要用武装的革命反对武装的反革命。面对国民党反动派的步步紧逼，党制定了相应的斗争策略，先后组织发动了南昌起义、秋收起义和广州起义。尽管这三次起义相继失败，但党磨炼了敢于同敌人展开面对面斗争的坚定意志，并从残酷的斗争实践中认识到，要想革命取得成功，既不能依靠他人，也不能照抄他国经验，必须在中国大地上找到一条适合本国国情的斗争道路。面对国民党反动派的接连"进剿"，中国共产党人展现出高超的斗争智慧，与敌人四处周旋，连续取得了四次反"围剿"的胜利。随着井冈山革命根据地的成功建立，党的武装力量得到了进一步增强，这也标志着"农村包围城市，武装夺取政权"的中国式革命斗争道路正式确立。而"武装斗争"也成了毛泽东同志在总结党克敌制胜的"三大法宝"中的一条重要历史经验。

然而，由于博古和李德的战略性错误，红军第五次反"围剿"失败，被迫退出中央根据地，开始了艰苦卓绝的长征之行。长征是中国历史上也是人类历史

## 第三章 敢于斗争是我们党的鲜明品格

上的伟大奇迹,习近平总书记在纪念红军长征胜利80周年大会上深情地说道:"在漫漫征途中,红军将士同敌人进行了600余次战役战斗,跨越近百条江河,攀越40余座高山险峰,其中海拔4000米以上的雪山就有20余座,穿越了被称为'死亡陷阱'的茫茫草地,用顽强意志征服了人类生存极限。红军将士上演了世界军事史上威武雄壮的战争活剧,创造了气吞山河的人间奇迹。"[①] 1936年10月,红二、红四方面军在甘肃会宁地区同红一方面军成功会师,标志着万里长征的胜利结束。而在长征途中召开的遵义会议,则正式确立了毛泽东同志在党中央的领导核心地位,自此开启了党根据中国革命实际开展斗争的新阶段。

1937年7月7日,卢沟桥事变吹响了全民族共同抗日的号角。同年10月,毛泽东同志为陕北公学成立题词时,提出要打造一支"充满着斗争精神和牺牲精神""在困难面前总是坚定的,勇敢向前""富于实际精神"的革命先锋队。[②] 这一时期敢于斗争的突出特点就是挺身而出、奋勇拼搏、不怕牺牲。面对日军的全面侵华,党广泛开展全民族抗日救亡运动,促成了国

---

① 习近平:《在纪念红军长征胜利80周年大会上的讲话》,人民出版社2016年版,第8页。
② 中共中央文献研究室编:《毛泽东年谱(一八九三——一九四九)》中卷,中央文献出版社2013年版,第34页。

共第二次合作，建立起抗日民族统一战线，成为全民族抗战的中流砥柱。与此同时，以毛泽东同志为代表的中国共产党人也一直致力于同教条主义等各种错误思想作坚决斗争。犯教条主义错误一直是党内部存在的一个重要思想和政治问题，对中国革命也产生了非常严重的影响。早在1930年，毛泽东同志就在《反对本本主义》一文中有力地批判了教条主义，并指出我们的斗争需要马克思主义。而后为了提高全党的思想理论水平，与党内各种非无产阶级思想作全面斗争，毛泽东同志提出了"反对主观主义以整顿学风、反对宗派主义以整顿党风、反对党八股以整顿文风"的任务，并强调"必须完成这个整顿党内作风的任务"①，自此开始了全党范围内的整风运动。通过整风运动中的一系列思想斗争，全党确立了实事求是的思想路线，使党在思想上、组织上达到空前的团结，更加凝聚在一起，从而为新民主主义革命的最终胜利奠定了坚实的思想基础。

经历28年的浴血奋战，我们党带领人民从政治、军事、经济和思想文化等各个方面，与殖民的、反动的、剥削的阶级势力以及旧制度进行了不屈不挠的全

---

① 《毛泽东选集》第三卷，人民出版社1991年版，第812页。

方位斗争，推翻了三座大山的压迫，建立起新中国，最终铸就了新民主主义革命的伟大胜利。

（二）敢于斗争造就社会主义革命和建设时期的伟大实践

新中国的成立标志着我国正式进入新的历史时期和新的发展阶段，但如何巩固新生的民主政权，实现从新民主主义社会向社会主义社会的关键转变，争取稳定的社会发展环境是当务之急。然而当时的国内外环境却危机四伏。一方面，以美国为首的西方资本主义国家不仅不认可新中国的合法地位，而且在政治、经济、外交、意识形态等方面对中国进行全面封锁、极力打压和军事干涉，对我国造成了极大的威胁；另一方面，由于长期以来中国一直处于战争状态，生产力水平低下，各产业体系遭到严重破坏，经济秩序混乱，通货膨胀严重，人民生活困苦，可谓一穷二白、百废待兴。为此，党以敢于斗争、善于斗争、顽强斗争的精神面貌，制定并采取一系列战略方针政策，开启了建设新中国的伟大实践。

首先，为了保护人民群众的生命和财产安全，维护国家主权和领土完整，在党中央的号召下，党带领人民与以美帝国主义为首的西方敌对势力作英勇斗争。

1950年朝鲜战争爆发，美国为了维护其在亚洲的霸权地位，不仅对朝鲜强行进行武装干涉，还侵占了我国领土台湾。面对这一巨大威胁，以毛泽东同志为核心的党中央应朝鲜政府请求，以非凡气魄和胆略作出了"抗美援朝、保家卫国"的重大战略决策。在彭德怀司令的率领下，中国人民志愿军跨过鸭绿江，与朝鲜军民一起同强敌进行英勇顽强的斗争，将所谓的"联合国军"打回"三八线"以南，并在"充分准备持久作战和争取和谈达到结束战争"的战略方针下，不仅粉碎了"联合国军"多次局部攻势和"绞杀战"、细菌战的企图，而且向美帝国主义发起反击，迫使其签下停战协议，从而捍卫了国家主权，充分彰显了国威、军威，为新中国的全面发展提供了重要的外部保障。

其次，为了提升人民生活水平和我国综合国力，确保实现向社会主义社会的顺利过渡，党中央发出了斗争动员令。经批准，中央宣传部制发了《为动员一切力量把我国建设成为一个伟大的社会主义国家而斗争——关于党在过渡时期总路线的学习和宣传提纲》，作出集全国的一切力量把落后的农业国变为先进的工业国的重大决定。经过党和广大人民群众的共同努力，至1956年底，我国农业、手工业和资本主义工商业的社会主义改造已基本完成，社会主义制度得以确立，

## 第三章 敢于斗争是我们党的鲜明品格

新中国开始转入更加全面、更大规模的社会主义建设，并迈向了第二个五年计划的历史征程，正式走上社会主义工业化的道路。

最后，面对党政机关内部存在的大量贪污、浪费现象和官僚主义问题，党中央分别开展了"反贪污、反浪费、反官僚主义"和"反行贿、反偷税漏税、反盗骗国家财产、反偷工减料、反盗窃国家经济情报"的斗争运动，即"三反""五反"运动。在这次斗争运动中，全国各地揭露了一大批严重的贪污盗窃案件，据不完全统计，贪污的总金额高达6万亿元之多，有9942人依法被判处有期徒刑，67人被判处无期徒刑，42人被判处死刑。其中，影响最大的就是判处原中共石家庄市委副书记刘青山和原中共天津地委书记张子善死刑。"三反""五反"运动的胜利浇灭了不法资本家的嚣张气焰，有力地抵制了党内蔓延的资产阶级腐朽思想，提高了党员干部和广大人民的政治觉悟与思想道德水平，是各级党组织和各机关部门在党中央的带领下开展的一次坚决彻底的反对资产阶级、反贪污腐败的斗争运动。

这一时期，在各条战线上也涌现出了大量可歌可泣的建设社会主义的先进典型和敢于斗争的英雄模范。例如，同全县干部和群众一起与深重的自然灾害进行顽强斗争的模范书记焦裕禄；有天大的困难也要高速度、高水平地拿下油田的铁人王进喜；忠于党和人民，具有舍己为公、大公无私的奉献精神的最美奋斗者雷锋；不畏千难万险、摆脱一切阻挠毅然回国，为中国核武器、原子武器的研发作出重要贡献的科学家邓稼先……他们都是时代的楷模、敢于斗争的英雄，为新中国书写了无数改天换地的壮丽诗篇。可以说，正是在敢于斗争的英勇气魄和精神鼓舞下，中国共产党才能带领人民实现向社会主义的伟大跨越，才能造就社会主义革命和建设时期的伟大实践，取得令世界瞩目的伟大成就。

（三）敢于斗争成就改革开放和社会主义现代化新时期的伟大创举

1978年5月11日，一篇名为《实践是检验真理的唯一标准》的文章引发了一场关于真理标准问题的全国性大讨论。这场讨论不仅是对"两个凡是"错误方针的一次重要反思，更是同过去落后的僵化思想进行的伟大斗争。这次斗争纠正了党内党外长期存在的个人崇拜和教条主义，为党的十一届三中全会的召开做了充分的理论准备。同年12月，十一届三中全会正式召开，会议根据邓小平同志的指示讨论，作出党和国

## 第三章 敢于斗争是我们党的鲜明品格

家工作中心转移到经济建设上来的历史性重大决定，这标志着党从根本上冲破了长期"左"倾错误的严重束缚，代表了党今后的斗争方向不再是以阶级斗争为纲，而是转向了同落后的生产力之间的斗争，正式开启了改革开放时期新的斗争形式。

要集中力量搞好经济建设，思想僵化问题必须破除，解放人们的思想迫在眉睫。改革开放初期，国内仍有很多人对其存在质疑，而国际上怀疑和担心的声音也从未停止过。但改革开放是一个在实践中不断摸索的过程，急不得也快不得。面对国内外的各种质疑甚至指责和诋毁，邓小平严正提出："必须进行批评、教育以至必要的斗争。"[①] 而在谈到现阶段的发展目标和革命的关系时，邓小平又指出："革命是要搞阶级斗争，但革命不只是搞阶级斗争。生产力方面的革命也是革命，而且是很重要的革命，从历史的发展来讲是最根本的革命。"[②] 这一重要论述指明了这一阶段党的发展目标就是同落后的生产力作斗争。面对东欧剧变、苏联解体对我国产生的严重冲击，党和政府以稳定压倒一切的原则，凭着敢于斗争的态度，迎难而上、直面问题，捍卫了社会主义政权，最大限度地减少了负

---

① 《邓小平文选》第二卷，人民出版社1994年版，第358页。
② 《邓小平文选》第二卷，人民出版社1994年版，第311页。

面影响，成功守住了堡垒。邓小平曾反复强调，要以革命的精神、敢于斗争的精神将改革开放这场伟大革命进行到底。面对世界社会主义运动遭遇严重挫折以及国内存在的姓"资"姓"社"等一系列尖锐问题，邓小平发表了南方谈话，高瞻远瞩地告诫全党：要坚持党的基本路线方针政策不动摇，就是要与背离"一个中心、两个基本点"的一切错误思想作斗争，就是要与一切落后的、封建的、僵化僵硬的思想作斗争，就是要与束缚生产力发展的经济体制作斗争，就是要与各种犯罪活动和丑恶现象作斗争，就是要与一切形式主义、官僚主义作斗争。只有这样，我们才能在建设中国特色社会主义的道路上继续前行。

这一时期，以邓小平、江泽民、胡锦涛为主要代表的中国共产党人，坚持发展就是硬道理，先后形成了邓小平理论、"三个代表"重要思想、科学发展观等一系列党的重大理论创新成果，并在国家治理各领域、各方面、各环节发展和创造了各种斗争形式。面对复杂多变的国内外局势，党带领人民同西方霸权主义作斗争、同金融危机作斗争、同特大洪水作斗争、同"非典"作斗争、同特大地震作斗争、同贪污腐败作斗争、同黑恶势力作斗争、同贫困问题作斗争、同新冠疫情作斗争。此外，为了解决台湾问题,党和政府制定了《反分裂国家法》,坚决同"台独""港独""疆独"等各种敌对势力作顽强斗争,挫败了各种企图分裂中国、扰乱中国、抹黑中国和阻碍中国发展的肮脏行径。

这一时期,党始终以敢于斗争、勇于斗争的精神面貌和态度应对来自国内外的各种危机、风险、困难和挑战,尤其是在世界社会主义遇到巨大挫折时,我们始终坚持独立自主地解决问题,始终坚持走中国特色社会主义道路,始终坚持实行改革开放,最终实现了中华民族从站起来到富起来的历史性飞跃,让社会主义在中国焕发出强大的生机活力,成就了改革开放和社会主义现代化新时期的伟大创举。

### 三、 依靠顽强斗争打开事业发展新天地

习近平总书记在党的二十大报告中指出,要"全力战胜前进道路上各种困难和挑战,依靠顽强斗争打开事业发展新天地"[①]。一百年来,我们党团结带领全国各族人民,始终以敢于斗争的精神风貌和态度直面

---

① 习近平:《高举中国特色社会主义伟大旗帜 为全面建设社会主义现代化国家而团结奋斗——在中国共产党第二十次全国代表大会上的报告》,人民出版社2022年版,第27页。

来自国内国际的各种风险挑战，推动党和国家的事业发展取得了历史性进步，创造了令世人瞩目的伟大成就，这也证明了敢于斗争对于党和国家还有人民来说具有重要的意义。在伟大的斗争实践中，党积累了许多宝贵经验，增强了开启新征程、进行新的伟大斗争的信心和勇气。从温饱不足到总体小康再到实现全面小康，从全国近1亿农村贫困人口到脱贫攻坚取得全面胜利再到共同富裕取得实质性进展，从有条件的地区率先实现现代化到各个地区实现现代化，等等，这些成就都不是轻轻松松、顺顺当当就能取得的，都是要攻坚克难、依靠顽强斗争去夺取的。正如习近平总书记指出："我们党依靠斗争走到今天，也必然要依靠斗争赢得未来。"[①]

中国共产党人的斗争，从来都是奔着矛盾问题、风险挑战去的。面对过去和当前我国发展所面临的经济、政治、社会、文化、生态、党的建设等领域，以及影响党长期执政、国家长治久安、人民幸福安康等各种突出矛盾和问题，习近平总书记指出："党中央审时度势、果敢抉择，锐意进取、攻坚克难，团结带领全党全军全国各族人民撸起袖子加油干、风雨无阻向

---

[①] 《立志做党光荣传统和优良作风的忠实传人　在新时代新征程中奋勇争先建功立业》，《人民日报》2021年3月2日。

## 第三章　敢于斗争是我们党的鲜明品格

前行，义无反顾进行具有许多新的历史特点的伟大斗争。"[①] 凡是危害中国共产党执政、破坏中国社会主义制度，凡是损害我国核心利益、违反重大原则，凡是侵害中国人民根本利益、挑战中国人民底线，凡是妨害中华民族团结统一、阻挠我们实现中华民族伟大复兴的任何人、任何事、任何势力，只要来了，我们就必须坚持斗争、敢于斗争、顽强斗争、英勇斗争。如今，我们打赢了脱贫攻坚战，打赢了抗击新冠疫情攻坚战，今后还要全力打赢更多、更加艰巨的攻坚战；为了实现中华民族伟大复兴的目标，我们也必须付出十倍百倍的努力，甚至要做好流血牺牲的准备，依靠顽强斗争打开事业发展的新天地。

### （一）依靠顽强斗争破除影响党长期执政的突出难题

党在不同历史时期有不同的历史任务，因此斗争的内容和形式也在随着环境的变化、情况的发展而不断变化，呈现出不同的阶段性特征。当前，世界百年未有之大变局与中华民族伟大复兴战略全局交织叠加，

---

[①] 习近平：《高举中国特色社会主义伟大旗帜　为全面建设社会主义现代化国家而团结奋斗——在中国共产党第二十次全国代表大会上的报告》，人民出版社2022年版，第5—6页。

只有审时度势、谋定而后动，才能准确把握新时代斗争的历史特点，才能在斗争中赢得主动、赢得先机。党的二十大闭幕后，习近平总书记带领新一届中央领导集体赶赴延安瞻仰革命纪念地，并发表了重要讲话，再次强调"全党同志要发扬斗争精神、提高斗争本领，坚决战胜前进道路上的各种困难和挑战，依靠顽强斗争打开事业发展新天地"①。依靠顽强斗争打开事业发展新天地，首先必须要破除影响党长期执政的突出难题，也就是要在事关党和国家前途命运的大是大非问题上毫不动摇，在维护国家核心利益上敢于同任何人、任何势力作顽强斗争，坚定不移开展全面从严治党、不断推进自我革命，清除一切腐蚀党内部的"蛀虫""害虫"。作为世界上最大的马克思主义政党，我们党要想保证长期的执政地位，就必须时刻以敢于斗争的精神风貌、顽强的斗争态度、坚强的斗争意志，应对摆在党前面的各种障碍和挑战，必须时刻保持解决大党独有难题的清醒和坚定。

历史和经验表明，我们面临的最大风险和挑战其实来自我们自身，因而必须一刻不松、坚定向前。毋庸讳言，在党的长期执政中，很多党员干部都出现了

---

① 《弘扬伟大建党精神和延安精神 为实现党的二十大提出的目标任务而团结奋斗》，《人民日报》2022年10月28日。

## 第三章　敢于斗争是我们党的鲜明品格

承平日久、精神懈怠的心态，集中表现为组织纪律松懈、工作态度消极倦怠、贪污腐败盛行、官僚作风严重、理想信念扭曲等严重问题。党的发展历程告诉我们，一个政党、一个国家、一个民族，如果失去了敢于斗争的意志，失去了顽强斗争的勇气，是非常可怕的，离危亡也就不远了。党的十八大以来，以习近平同志为核心的党中央聚焦"两个维护"，提出"两个确立"，依靠顽强作风，保持高压态势，全面推进从严治党，不仅加强了党内法规制度建设，健全了党内监督体系，将权力关进制度的笼子，以更加坚定的决心推进反腐败斗争，持续深化不敢腐、不能腐、不想腐一体推进，还加强了党员干部党史学习教育，切实提升其自身建设，筑牢思想根基，使党内存在的突出问题得到了有效解决，使管党治党宽松软状况的局面得到根本性扭转，取得了压倒性胜利。

在通往第二个百年奋斗目标的征程上，我们依然要同影响党长期执政的风险挑战作斗争，同企图破坏党内风清气正的政治生态环境的恶势力作斗争，同危害党的生命力和战斗力的毒瘤分子作斗争，在这期间可能还会伴随着质疑、冷嘲热讽甚至不怀好意的声音，这就需要我们以更加顽强的斗争态度直面挑战和困难，直至完成使命和任务。在重大风险、强大对手面前，不想斗争、只图安逸是不可能的，只会自寻死路。正如习近平总书记所指出的："一切贪图安逸、不愿继续艰苦奋斗的想法都是要不得的，一切骄傲自满、不愿继续开拓前进的想法都是要不得的。"① 唯有主动迎战、敢于斗争，破除影响党长期执政的突出难题，才能求得生存、取得发展、赢得胜利。

（二）依靠顽强斗争消除影响国家长治久安的重大隐患

国家安全是民族复兴的根基，社会稳定是国家强盛的前提。习近平总书记在党的二十大报告中指出，"必须坚定不移贯彻总体国家安全观，把维护国家安全贯穿党和国家工作各方面全过程，确保国家安全和社会稳定"②，并提出了健全国家安全体系、增强维护国家安全能力、提高公共安全治理水平、完善社会治理体系等一系列方针政策，为我们提高防范抵御国家安全风险能力、保障国家长治久安提供了思想指引和实践指南。党的十八大以来，以习近平同志为核心的党中央根据新时代国家安全形势，运筹帷幄、高屋建瓴，

---

① 中共中央党史和文献研究院编：《十八大以来重要文献选编》（下），中央文献出版社2018年版，第397页。
② 习近平：《高举中国特色社会主义伟大旗帜　为全面建设社会主义现代化国家而团结奋斗——在中国共产党第二十次全国代表大会上的报告》，人民出版社2022年版，第52页。

## 第三章 敢于斗争是我们党的鲜明品格

提出了总体国家安全观这一重大战略思想。面对以美国为首的西方资本主义国家的各种挑衅行为，我们坚持在原则问题上寸步不让，坚定维护国家主权和国家意志，使国家安全得到了全面加强；面对国内社会存在的民族分裂势力、宗教极端势力和暴力恐怖势力，党中央坚决开展全国扫黑除恶专项斗争，成立了全国扫黑除恶斗争领导小组，取得了显著成效，保障了人民群众的合法权益，维护了社会稳定。

从内部环境看，一方面，受新冠疫情和世界经济持续低迷影响，我国经济遭遇严重冲击，人民群众在就业、教育、医疗、居住、养老等方面面临很多难题；另一方面，我国社会发展不平衡不充分的问题开始凸显，主要体现为经济发展质量不高、创新能力不强、实体经济发展遇冷等，此外我国城乡区域发展和收入分配差距依然较大，共同富裕道路漫长坎坷。当前和今后一个时期，发展不平衡不充分问题和各种周期性、结构性、体制性因素将交织叠加，各种风险挑战会不断积累甚至集中显露，解决发展问题的难度加大，斗争涵盖领域的广泛性、涉及矛盾和问题的尖锐性、触及利益格局调整的深刻性、突破体制机制障碍的艰巨性、攻坚克难的复杂性都将前所未有，必须准确把握我国社会主要矛盾变化带来的新特征、新要求，知难而进、迎难而上，做好各种斗争的准备。

从外部环境看，当前世界百年未有之大变局加速演进，国际经济、政治、科技、文化等格局都发生了深刻变化，世界之变、时代之变、历史之变的特征更加明显。在新冠疫情全球大流行的影响下，世界经济遭遇寒潮、进入低谷，单边主义、贸易保护主义、自由主义逐渐抬头，民粹主义、民族主义借机大行其道，而霸权主义、地缘政治、强权政治也对世界和平发展构成了严重威胁。尤其是俄乌战争的爆发，不仅让全球经济雪上加霜，使各国经济政策出现更多不确定性，更导致不同地区、不同阵营之间的国家的关系日趋紧张。而我国正处于由大向强发展的关键阶段，这一阶段也往往是国家安全的高风险期。我们越发展壮大，遇到的阻力和压力就会越大，面临的外部风险就会越多，同各种敌对势力的斗争就会越激烈。面对前进道路上的各种阻碍和强大敌人，唯有顽强斗争才能有效应对各种不稳定因素和隐患，才能切实维护国家安全，为推进中华民族伟大复兴的历史进程营造安全的外部环境。

新的环境、新的征程，我们将面对逆风逆水甚至惊涛骇浪，需要应对更多更困难的风险挑战，需要解决更复杂更棘手的矛盾问题，为了保障党和国家长治久安、兴旺发达,我们必须依靠顽强斗争消除这些重大隐患,做好攻坚克难、抵御重大风险的一切准备,为实现第二个百年奋斗目标而不懈努力。

(三)依靠顽强斗争解决影响人民幸福安康的各种矛盾和问题

治国经邦,重在人民。新时代我们取得的伟大成就是党和人民一道奋斗出来的。正是依靠顽强斗争,我们党才能团结带领全国各族人民全面建成小康社会、打赢脱贫攻坚战,创造人类社会发展史上的伟大奇迹,而中华民族也再一次迎来了从富起来到强起来的历史性飞跃。习近平总书记指出:"新征程上,我们要始终坚持一切为了人民、一切依靠人民。一路走来,我们紧紧依靠人民交出了一份又一份载入史册的答卷。面向未来,我们仍然要依靠人民创造新的历史伟业。"[①]人民是历史的创造者,是我们党能够长期执政的最大底气,也是国家前途命运的重要力量。为人民谋幸福、为民族谋复兴是中国共产党的初心使命,所以为人民的幸福安康而斗争就是党的头等大事。面对当前已经存在或者未来可能会出现的影响人民幸福安康的各种

---

[①] 《始终坚持一切为了人民一切依靠人民 以中国式现代化全面推进中华民族伟大复兴》,《人民日报》2022年10月24日。

矛盾和问题，必须坚持以人民为中心的发展思想，依靠顽强斗争解决它们，践行好全心全意为人民服务的根本宗旨，努力让人民过上更加美好的生活。

"天下顺治在民富，天下和静在民乐。"（王廷相《慎言·御民篇》）民生问题是人民群众最关心、最现实的利益问题，也是直接事关人民群众幸福安康的重要问题。心系民生、实现人民群众对美好生活的向往，让人民生活得更加幸福安康，是党始终坚持的理念和担当。改革开放以来，在党的坚强领导下，我国社会生产力水平得到大幅提升，人民物质生活水平显著改善，人民对美好生活的向往也变得更加强烈。进入新时代，面对新环境、新形势、新变化，我们更要准确把握时代特征、历史特点和发展规律，在继续推动经济更好更快发展的同时，也要将目光聚焦到影响人民群众幸福安康的各种矛盾和问题上来，更好推动民生问题的解决，真正实现人自由全面的发展。当前，我国社会主要矛盾已经转化为人民日益增长的美好生活需要和不平衡不充分的发展之间的矛盾，人民群众的需求呈现出多样化、多层次、多方面的特点，即对衣食住行、就业、教育、医疗卫生、环境等各领域各方面的要求都在提高，而这些新的向往也对党和政府的工作提出了更高要求。

## 第三章　敢于斗争是我们党的鲜明品格

幸福是奋斗出来的，我们要始终把实现人民的幸福安康和对美好生活的向往作为奋斗的目标；幸福也是斗争出来的，我们必须保持顽强的斗争精神，实现好、维护好最广大人民群众的根本利益。不仅要在人民群众的生命健康安全受到侵害时敢于亮剑，在人民群众遇到危险困难时敢于挺身而出，更要同人民群众在日常生活中所遇到的不公平不公正现象作顽强斗争。只有始终把人民立场作为党的根本政治立场，把人民利益摆在首要位置，我们才能汇聚起磅礴力量，夺取全面建成社会主义现代化强国的新胜利。

# 第四章　始终坚持坚定的斗争原则

斗争不是随意的,而是需要遵循一定的原则。在斗争中要始终坚持党的领导原则,坚持人民至上原则,坚持独立自主原则,坚持实事求是原则。

## 一、要坚持党的领导原则

坚持党的领导原则是斗争中必须坚持的首要原则,否则就会偏离正确的政治方向和道路。1962年,毛泽东同志在扩大的中央工作会议上强调:"工、农、商、学、兵、政、党这七个方面,党是领导一切的。党要领导工业、农业、商业、文化教育、军队和政府。"[①]这次会议对"党是领导一切的"的内涵进行了鲜明且正确的界定。2017年党的十九大将"坚持党对一切工作的领导"确立为新时代坚持和发展中国特色社会主义的基本方略,体现了坚持党的领导的重要性。2022

---

[①]《毛泽东文集》第八卷,人民出版社1999年版,第305页。

年，党的二十大报告再次强调了党的领导的重要性："党的领导是全面的、系统的、整体的，必须全面、系统、整体加以落实。"① 历史深刻证明，进行伟大斗争必须坚持党的全面领导，要高举马克思主义伟大旗帜，牢牢把握好斗争的前进方向。

党的领导贯穿党政军民学各个领域以及东西南北中各个方位，即党的领导要贯穿于中国特色社会主义各项事业之中。坚持党的领导要提高党组织的覆盖面。新时代要赢得伟大斗争的胜利，实现中华民族复兴，就要坚持党对一切工作的领导，把党的领导贯穿于改革发展稳定、内政外交国防、治党治国治军的各领域、全过程。党在领导过程中主要发挥总揽全局、协调各方的领导核心作用，既包括以直接管理和间接管理方式对相关事务进行领导，同时也包括以监督方式对党内事务和国家事务进行领导。胡锦涛同志曾指出："党的领导主要是政治、思想、组织领导，通过制定大政方针，提出立法建议，推荐重要干部，进行思想宣传，发挥党组织和党员作用，坚持依法执政，实施党对国家和社会的领导。"② 坚持党的领导原则，是指党要对

---

① 习近平：《高举中国特色社会主义伟大胜利　为全面建设社会主义现代化国家而团结奋斗——在中国共产党第二十次全国代表大会上的报告》，人民出版社2022年版，第64页。

② 《胡锦涛文选》第二卷，人民出版社2016年版，第233页。

事关重大、根本、原则、方向性问题进行领导，统筹处理党内事务与国家事务之间的关系，使党和国家各项工作在各自的轨道上各司其职、各尽其责。党的领导的全面性，要求在斗争中坚持党的领导。坚持党的领导能确保斗争不变色、不变质、不变味，始终沿着正确的斗争方向前进。

坚持党的领导原则，就要在斗争中坚持以马克思主义为指导。中国共产党自成立之初就将马克思主义作为根本指导思想，并继承发展了马克思主义关于斗争的理论。马克思、恩格斯指出："至今所有一切社会的历史都是阶级斗争的历史。"[①] 马克思、恩格斯从历史唯物主义视域分析了阶级斗争产生的源头，指出在科学理论指导下，可以通过揭露、批判、革命的形式，进行革命斗争实践。在此基础上，为了永葆理论的先进性，中国共产党根据我国不断变化的实际对马克思主义斗争理论进行了与时俱进的创新和发展，使不同时期的斗争都有科学的理论予以指导。毛泽东同志曾强调："谁是我们的敌人？谁是我们的朋友？这个问题是革命的首要问题。"[②] 这就明确了大革命时期党的斗争对象和斗争方向。邓小平同志认为凡是干扰、阻碍

---

[①] 《马克思恩格斯全集》第四卷，人民出版社1958年版，第465页。
[②] 《毛泽东选集》第一卷，人民出版社1991年版，第3页。

改革开放和现代化建设的思想、观点、行为，都要坚持与其进行斗争。江泽民同志认为在社会主义现代化建设时期要重视思想领域的斗争，防止资本主义自由和民主思想的冲击。胡锦涛同志在党的十八大上提出，发展中国特色社会主义是一项长期的艰巨的历史任务，中国共产党作为最高领导力量必须要依据新的历史特点做好伟大斗争。习近平总书记则结合新的时代特点，对伟大斗争的理论内涵和现状进行深入分析，为新时代的斗争提供了重要理论指导。习近平总书记指出："要学懂弄通做实党的创新理论，掌握马克思主义立场观点方法，夯实敢于斗争、善于斗争的思想根基，理论上清醒，政治上才能坚定，斗争起来才有底气、才有力量。"① 中国化时代化的马克思主义斗争理论是进行斗争的重要行动指南，因而要在斗争中坚持以马克思主义为指导，特别要用习近平新时代中国特色社会主义思想指导中国的斗争实践，确保新时代斗争实践在科学理论的指导下进行。

坚持党的领导，要在斗争中完成党的自我革命。勇于自我革命，是我们党最鲜明的品格。一部党史就是一部党的自我革命的历史。中国共产党是中国特色

---

① 《习近平谈治国理政》第三卷，外文出版社 2020 年版，第 227 页。

社会主义事业的领导力量，其自身的斗争性体现在敢于刀刃向内，以壮士断腕的决心进行自我革命。在革命时期，党就特别重视自身先进性和纯洁性的问题，不断通过自我革命对党内出现的问题进行及时的整治。中国共产党作为最高政治领导核心和力量，其自身执政能力和执政水平深刻影响国家整体发展。这就要求中国共产党加强自我革命，坚持党要管党、全面从严治党，不断与党内面临的各种风险挑战作斗争。新时代以来，党中央刮骨疗伤，开展反腐败斗争，出台"八项规定"，严明政治纪律和政治规矩，增强"四个意识"，做到"两个维护"，拥护"两个确立"，不断解决党内存在的"四大考验"和"四种危险"，使党在伟大斗争中不断锻造、锤炼自身的硬度、强度和纯度。

中国共产党成立100多年、新中国成立70多年、改革开放40多年的实践证明，以党的自我革命推动伟大社会革命，在伟大社会革命中不断进行自我革命，是我们党永葆马克思主义政党本色，增强党的生命力、创造力、战斗力的根本举措，也是我们党能够跨过一道道沟坎、摆脱一次次困境、战胜各种各样困难挑战，不断从胜利走向胜利的关键所在。

坚持党的领导原则，要在斗争中加以贯彻落实。

## 第四章　始终坚持坚定的斗争原则

自1840年鸦片战争以来，各个阶级和无数仁人志士为了实现民族复兴，进行了长期不屈不挠的抗争。无论是太平天国运动、洋务运动，还是戊戌变法、辛亥革命，均未能实现民族复兴。十月革命一声炮响，给中国送来了马克思主义，中国共产党诞生了，无产阶级革命从此有了坚强的领导核心。在党的领导下，我国革命斗争有了正确的政治方向，为斗争胜利提供了根本政治保证。全面抗战爆发后，为了打败日本侵略者，中国共产党以民族利益和国家大局为重，建立了抗日民族统一战线。经过艰苦的斗争和沉重的牺牲，终于打败了日本侵略者，赢得了抗日战争的胜利。此外，中国共产党带领人民群众进行了不屈不挠的解放战争，推翻了国民党的反动统治，取得了解放战争的胜利，建立了新中国。在社会主义革命和建设时期，党带领广大人民群众进行"一化三改"，对社会进行改造，并最终确立了社会主义制度，使人民当家作主有了根本的制度保证。在改革开放时期，党领导人民持续推进改革开放，不断解放和发展生产力，解决了人们的温饱问题，并推动人民物质和精神生活不断富裕起来。现在，中国特色社会主义进入新时代，我国发展进入新的历史方位。中国共产党适应新时代的发展方位，把握时代规律和特点，掌握科学斗争方法，促使伟大斗争取得重大胜利，推动我国一步步走向强起来的伟大征程。历史深刻表明，只有坚持党的领导，伟大斗争才有根本的政治保证，才能取得根本性胜利。当前，我国发展仍然存在很多有待破解的难题，仍然需要通过不断斗争推动经济社会高质量发展。中国共产党是无坚不摧的领导核心，我们必须始终在党的领导下进行斗争。社会主义制度具有不可比拟的优越性，能够广泛动员、协调、组织各方力量进行斗争，为斗争提供重要保障。只要我们坚持党的领导，就能克服前进路上的各种荆棘和挑战，战胜各种风险和矛盾，化解一个个影响国家发展和人民幸福的阻力，推动中华民族实现伟大复兴。

## 二、要坚持人民至上原则

人民性是马克思主义的本质属性。党的二十大报告明确指出："必须坚持人民至上。"[1] 党的二十大报告中有 177 处使用了"人民"这个词，深刻表明中国共产党具有深厚的爱民、为民、惠民情怀，彰显中国共

---

[1] 习近平：《高举中国特色社会主义伟大旗帜　为全面建设社会主义现代化国家而奋斗——在中国共产党第二十次全国代表大会上的报告》，人民出版社 2022 年版，第 19 页。

产党一以贯之的人民立场。中国共产党一切工作的出发点和落脚点都是人民。中国共产党进行伟大斗争的根本目的就是解决发展过程中出现的各种问题，带领人民群众创造美好生活。因而，在斗争过程中必须坚持人民至上原则，牢牢站稳人民立场，凝聚广大人民群众的共识和力量。

（一）人民立场是伟大斗争的根本立场

立场决定态度，中国共产党人进行伟大斗争具有鲜明的立场，即"要始终把人民立场作为根本立场"①。马克思、恩格斯曾指出，"无产阶级的运动是绝大多数人的，为绝大多数人谋利益的独立的运动"②，从而明确了无产阶级运动的宗旨和目的，指明了人民立场是共产党的根本政治立场。中国共产党自成立时起，就在百年斗争历史实践中牢牢站稳人民立场。

新民主主义革命时期，党领导人民通过开展土地革命和武装斗争等形式，建立了人民当家作主的新型国家。毛泽东同志在《为人民服务》一文中指出："我们这个队伍完全是为着解放人民的，是彻底地为人民的利益工作的。"③ 毛泽东同志在党的七大上进一步提

---

① 《习近平谈治国理政》第三卷，外文出版社2020年版，第136页。
② 《马克思恩格斯选集》第一卷，人民出版社2012年版，第411页。
③ 《毛泽东选集》第三卷，人民出版社1991年版，第1004页。

出"全心全意为人民服务"的理念，并将其写入党章，以党内法规的形式固定下来。之后，党通过社会主义改造、建立社会主义制度等斗争实践，为巩固新生人民政权奠定了重要物质基础和制度保障。邓小平同志进一步明确了斗争的人民立场："党的组织、党员和党的干部，必须同群众打成一片，绝对不能同群众相对立。"[①] 江泽民同志面对新世纪的巨大考验，明确党要代表最广大人民的根本利益，要通过斗争为人民群众谋利益，并指出："人民群众是我们的力量源泉和胜利之本。"[②] 胡锦涛同志则提出以人为本的理念，明确永葆斗争精神应坚持以人为本的理念，要尊重人民群众的主体地位，坚持权为民所用、情为民所系、利为民所谋，防止党内斗争精神的弱化和变质。他认为"密切联系群众还是脱离群众，不仅是态度问题、感情问题，更是政治立场、政治本色的问题"[③]，"实现好、维护好、发展好最广大人民根本利益是我们一切工作的出发点和落脚点"[④]。

党的十八大以来，习近平总书记根据时代和实践发展，大大提升了伟大斗争的水平和质量，通过开展

---

① 《邓小平文选》第二卷，人民出版社 1994 年版，第 368 页。
② 《江泽民文选》第一卷，人民出版社 2006 年版，第 248 页。
③ 《胡锦涛文选》第三卷，人民出版社 2016 年版，第 199 页。
④ 《胡锦涛文选》第三卷，人民出版社 2016 年版，第 369 页。

第四章 始终坚持坚定的斗争原则

脱贫攻坚、扫黑除恶、反腐倡廉等具体斗争实践,切实保障人民的根本利益。这深刻表明党来自人民、扎根人民、造福人民。坚守人民立场,是党的政治基因和政治本色。进行伟大斗争必须坚守人民立场,任何时候的斗争如果没有涉及人民群众的利益,都不足以真正反映其深刻性。民心所望,政之所向。党始终把人民放在最高位置,牢记初心和使命,为人民利益不断斗争、不懈奋斗。

(二)人民群众是伟大斗争的依靠力量

人民群众是历史的创造者,是伟大斗争的依靠力量。毛泽东同志曾指出:"人民,只有人民,才是创造世界历史的动力。"[①] 人们在改造客观世界、推动社会历史发展前进的过程中,总是在确定的历史前提和特定的时代条件下进行的。人类社会历史的发展进步离不开人的创造性活动。人类社会运行所需要的各种材料,都是在人民群众的手中创造出来的。同时,人民群众是参与社会斗争的重要力量,社会变革归根到底要依靠人民群众的力量。社会历史的发展进程不是某个英雄、领袖等任何单个人的意志就能决定的结果,而是由无数人的意志相互碰撞、汇聚融合而产生最

---

[①] 《毛泽东选集》第三卷,人民出版社1991年版,第1031页。

大合力作用的结果。新民主主义革命时期，我国依靠广大人民群众的磅礴力量战胜了一个又一个困难，最终建立新中国，使中华民族从此站起来了。新中国成立以来，我国能够快速巩固政权、恢复经济、发展工业，关键在于尊重人民的主体地位，充分发挥人民群众的创造作用。改革开放后，党和国家各项事业蓬勃发展，但社会发展还面临诸多挑战。为了响应改革开放的号召，广大人民群众纷纷参与社会建设，不断破解社会生产力低下的难题。人民群众直接参与了物质生产活动，并创造出大量的精神文化产品，党和国家各项事业在人民群众的创造中得到巨大的发展，推动我国迈向富起来的历史进程。进入新时代，党和国家充分发挥人民群众的首创精神和创造伟力，团结带领广大人民群众破解发展不平衡不充分的问题，推动我国迈向强起来的时代征程。

人民群众的历史地位和作用，深刻表明人民群众在伟大斗争中的重要性。斗争能不能取得成功，关键看广大人民群众是否支持。人民群众的支持是斗争取得胜利的关键因素。民情所指、民心所向的斗争，能得到广大人民群众的多方支撑，获得广大人民群众的鼎力相助，从而推动斗争获得胜利。新时代斗争必须把全国各族人民的力量团结起来，号召全国各族人民参与伟大斗争，增强全国各族人民的斗争精神，从群众中寻找斗争的智慧，为斗争注入源源不断的力量。在斗争过程中，要注重发动和组织人民群众的力量，收集人民群众的智慧，把广大人民群众团结在斗争的前线，形成斗争统一战线，不断通过人民群众的磅礴力量助力斗争取得全面胜利。

（三）人民幸福是伟大斗争的目标指向

当前，我国社会主要矛盾已经变为人民日益增长的美好生活需要和不平衡不充分的发展之间的矛盾，从而为我们进行伟大斗争指明了方向和着力点。进入新时代，要发扬斗争精神，维护好广大人民群众的根本利益，化解人民群众生产生活中存在的各种矛盾，让人民群众生活得更好。实现人民幸福历来是我党斗争的目标。早在中国共产党成立之前，我国无数仁人志士就为了全国人民的幸福问题而不懈抗争。以陈独秀、李大钊为代表的爱国人士为将人民群众从水深火热中解救出来，不畏艰难地推动民族觉醒，捍卫民族和人民的利益。中国共产党成立后，更是牢固树立起为人民服务的宗旨，把人民幸福作为自身的奋斗目标。回望一百多年的奋斗历史，中国共产党一切斗争的最终落脚点都是人民幸福。可以说，实现人民幸福是中国共产党始终不渝的庄严承诺。当前，通过党和国家一系列的改革发展，我国社会和谐稳定，经济持续发展。人民群众物质条件充盈、精神生活丰富，人民获得感、幸福感、安全感不断提升。

要实现人民幸福，就要通过斗争继续维护广大人民群众的根本利益。人民利益是一个历史动态的概念，随着时代的变化，其主要内容和形式也在不断变化。维护人民的根本利益是中国共产党开展斗争的核心要义。党的性质决定了党自成立之初就为维护人民群众利益而不懈奋斗。人民群众的根本利益是党的根本出发点和归宿。回顾党的百年奋斗历史，不管是在革命、建设还是改革的历史进程中，党始终准确把握当时人民群众最根本的利益，并在长期的斗争实践中，紧扣民心这个最大的政治，坚决反对一切损害人民利益的行为。一方面，最根本的是要维护和保障好广大人民群众的物质利益。党关心人民的物质生活，通过发展生产满足人民群众合理的物质需求。邓小平同志曾强调："不发展生产力，不提高人民的生活水平，不能说是符合社会主义要求的。"[1] 所以，要在斗争中解决阻

---

[1] 《邓小平文选》第三卷，人民出版社1993年版，第116页。

碍生产力发展的各种问题,大力发展生产力,盘活各类生产要素,着力推动高质量发展,满足人民群众高质量的物质生活需求。另一方面,要维护和保障好广大人民群众的精神文化利益。进入新时代,由于物质需要日益得到满足,人民群众开始追求精神文化生活的充盈,因而维护人民群众的精神文化利益成为斗争的重要任务。这就要求在斗争中解决阻碍社会主义文化大繁荣大发展的矛盾,激活文化发展活力,大力发展文化事业和文化产业,满足人民群众日益增长的精神文化需要。

## 三、要坚持独立自主原则

### (一)坚持独立自主,彰显伟大斗争的精神魄力

"独立自主是中华民族的优良传统,是中国共产党、中华人民共和国立党立国的重要原则。"[①] 坚持独立自主是中国共产党治国理政的重要原则。中国人的事情必须由中国人自己来解决。党的二十大报告明确指出:"党的百年奋斗成功道路是党领导人民独立自主探索开辟出来的,马克思主义的中国篇章是中国共产

---

① 《习近平谈治国理政》第一卷,外文出版社2018年版,第29页。

党人依靠自身力量实践出来的，贯穿其中的一个基本点就是中国的问题必须从中国基本国情出发，由中国人自己来解答。"① 新时代进行斗争，也必须坚持独立自主原则，防止任何外来势力的干预。

近代以来，独立自主原则就体现在中华儿女救亡图存的历史实践中。中国人民历来明白，只有依靠中华民族自身的力量才能捍卫国家利益，维护民族独立，实现中华民族伟大复兴。任何依靠外来势力和力量的革命注定要失败。梁启超先生在《论独立》中提出，"国能保其独立之威严，必其国民先富于独立之性质"②，以此发出了要使国家和民族实现独立的呐喊。独立自主是马克思主义重要的理论主张。马克思、恩格斯曾将独立自主的理论范围拓展到两个领域。第一个领域是无产阶级要保持独立自主性，即各地区的工人用他们自己的方法去完成工人阶级的经济解放任务，至于以哪种斗争方式进行政治运动，"应当由这个国家的工人阶级自己选择"③。第二个领域是在国际联合中国家和民族要保持独立自主性。1893年8月12日，恩

---

① 习近平：《高举中国特色社会主义伟大旗帜　为全面建设社会主义现代化国家而团结奋斗——在中国共产党第二十次全国代表大会上的报告》，人民出版社2022年版，第19页。
② 《梁启超全集》第四卷，北京出版社1999年版，第1080页。
③ 《马克思恩格斯全集》第十七卷，人民出版社1963年版，第683页。

## 第四章　始终坚持坚定的斗争原则

格斯在苏黎世国际社会主义工人代表大会上发表的闭幕词中指出，让各国无产阶级"以独立自主的形式组织起来"① 是增强国际联合力量的重要保证，要求无产阶级联合要注重独立性。列宁非常重视社会主义运动的独立性，并在斗争实践中遵循独立自主原则，要求俄国独立自主地领导人民夺取民主革命的胜利和探索社会主义的发展。

独立自主为我国开展斗争提供了重要精神支柱，彰显我党伟大斗争的精神魄力。从1840年鸦片战争开始，中华民族长期不能独立自主，国家蒙辱、人民蒙难、文明蒙尘。在危难之际，中国共产党诞生了。党从诞生之日起，就把实现民族独立作为自己的目标任务。土地革命战争时期确定了"农村包围城市，武装夺取政权"的道路，这是党独立解决中国革命问题的新探索。全面抗战时期，党提出抗日民族统一战线的独立自主问题，要求红军队伍"必须采用独立自主的游击战和运动战，避免一切被动的呆板的战法"②。在社会主义革命和建设时期，党坚持独立自主原则，根据自身力量完成社会主义改造，从此开创社会主义建设道路。改革开放时期，我国在独立自主的基础上实

---

① 《马克思恩格斯全集》第二十二卷，人民出版社1965年版，第480页。
② 《毛泽东选集》第二卷，人民出版社1991年版，第379页。

行改革开放，确保国家发展的独立性。进入新时代，中国共产党更是依靠自身的力量，解决发展过程中的难题和挑战，全面建成小康社会，并开启全面建设社会主义现代化国家的征程，推动中华民族伟大复兴迈上新的历史阶段。

（二）坚持独立自主，彰显伟大斗争的坚定信心

坚持独立自主原则彰显我党伟大斗争的坚定信心。百年奋斗历史证明，中国共产党始终有信心和有能力推动伟大斗争取得胜利。百年来，我们党坚持独立自主原则，披荆斩棘，锐意进取，不断应对重大挑战、抵御重大风险、克服重大阻力、解决重大矛盾，带领全国各族人民探索出一条彰显中国特色、根植于中国大地的中国特色社会主义道路，带领中国走向一个又一个伟大胜利。同时，我们也要清醒地认识到，前进道路上仍然会出现许多具有新的特点的风险挑战，仍然会面临各种惊涛骇浪，发展中国特色社会主义仍需要随时做好斗争的准备。因而，必须始终坚持独立自主，坚定必胜的信心，坚持把国家和民族发展放在自己力量的基点上，走好新时代的长征路。

改革开放 40 多年来，中国共产党根据每个阶段的发展特点，在斗争中不断解答每个时期面临的时代问

题，推动中国特色社会主义道路不断向前发展。以邓小平同志为主要代表的中国共产党人对"什么是社会主义、怎样建设社会主义"的问题进行思考，成功开创了具有中国特色的社会主义道路。以江泽民同志为主要代表的中国共产党人加深了对"什么是社会主义、怎样建设社会主义"和"建设什么样的党、怎样建设党"的认识，推进了中国特色社会主义道路的发展。以胡锦涛同志为主要代表的中国共产党人围绕"实现什么样的发展、怎样实现发展"的基本问题，进一步丰富了中国特色社会主义道路的基本内涵。党的十八大以来，以习近平同志为核心的党中央牢牢把握世界大势，紧紧围绕"新时代坚持和发展什么样的中国特色社会主义、怎样坚持和发展中国特色社会主义"的重大课题，立足世情国情党情，提出一系列治国理政新方略，与时俱进地谱写了中国道路的崭新篇章。

中国特色社会主义道路来之不易，它是党和人民历尽磨难，以巨大的牺牲为代价取得的根本成就。中国共产党百年斗争实践所取得的伟大成就向世界彰显了中国特色社会主义道路的强大生命力和巨大优越性。当前，我们要继续在独立自主原则的指引下，坚定斗争信心，不断战胜前进道路上的艰难险阻、风险挑战、顽瘴痼疾，不断开创中国特色社会主义道路的新境界。

（三）坚持独立自主，彰显伟大斗争的坚强定力

坚持独立自主原则彰显中国共产党敢于斗争、敢于战胜外部挑战的坚强定力。新中国成立以来，我们党始终坚持独立自主的和平外交政策。如今，国际社会各种力量对比变化复杂、新旧格局交替加速，但独立自主的和平外交政策仍是我们处理国家关系的重要准则。

弱国无外交，落后就要挨打。在新中国成立前夕，毛泽东同志依据国际形势，提出了"另起炉灶""打扫干净屋子再请客""一边倒"的外交方针，开启了独立自主的新型外交实践。在对外交往中，我国始终尊重各国主权和领土完整，尊重每个国家的制度选择和发展道路，坚持各个国家一律平等，倡导合作共赢、互惠互利的发展理念，不干涉别国内政，不制造国际冲突，坚决反对霸权主义和强权政治，主张构建人类命运共同体，并以强烈的斗争精神捍卫我国的主权、安全和发展利益。

面对当前复杂多变的国际局势，我国坚定斗争的定力，持续防范化解国际重大风险挑战，特别是面对国际社会对我国的遏制、封锁、挑衅、施压，我国始

## 第四章　始终坚持坚定的斗争原则

终保持清醒的头脑，发扬斗争精神，不畏霸权，在斗争中坚持维护国家利益。近年来，西方敌对势力企图通过文化渗透的方式给我国制造混乱，打意识形态领域的无硝烟战争。他们大肆鼓吹"普世价值"，宣传资本主义的自由、民主思想，恶意抨击我国的核心价值观，歪曲和虚无化我国的历史，丑化我国领导人的形象，其险恶用心就是试图通过意识形态战争的隐蔽方式达到颠覆我国政权的目的。进行国际意识形态斗争是维护国家安全的重要方式。随着网络信息技术的快速发展，互联网越来越成为意识形态斗争的主战场、主阵地、最前沿。一些敌对势力利用互联网门槛低、传播速度快、传播范围广的独特优势，在互联网鼓吹资本主义价值观，加大资本主义意识形态的输出，企图通过隐蔽的文化战争达到和平演变我国的政治意图，最终目的就是"同我们争夺阵地、争夺人心、争夺群众，最终推翻中国共产党领导和中国特色社会主义制度"[1]。当前一些青少年由于认知、阅历、知识等的缺乏，容易受到西方自由、民主等价值观念的蛊惑，进而生出一些与我国核心价值观背道而驰的言行。这就要求我们旗帜鲜明地坚持正确的政治方向、舆论导向、

---

[1] 中共中央文献研究室编：《习近平关于社会主义文化建设论述摘编》，人民出版社2017年版，第27页。

价值取向，加强意识形态领域的斗争，在大是大非面前保持坚强的定力，敢于对一些恶意诽谤、污蔑、唱衰我国的舆论予以坚决的回击，敢于揭露资本主义腐朽价值观背后的险恶政治目的。

## 四、要坚持实事求是原则

实事求是原则是在斗争过程中要遵循的重要原则。毛泽东同志在《改造我们的学习》中对实事求是的含义进行提炼，认为"实事"是客观存在的一切事物，"求"是去研究，"是"是客观事物的规律性。也就是说，我们要基于客观存在的一切事物去研究和把握客观事物的规律性。实事求是作为党领导人民认识世界、改造世界的原则遵循，贯穿党带领人民群众进行斗争的全过程。人类活动的两种基本方式是认识世界和改造世界。认识世界首先要搞清楚什么是"实事"，或者说坚持实事求是的基础工作就是要搞清楚"实事"。因为"实事"是错综复杂、不断变化的，所以眼见不一定为实，要做深入调研。只有这样，我们才能取得各项事业的胜利。坚持实事求是，关键在于"求是"。"求是"是要发现规律、认识规律。"实事"是"求是"的基础，"求是"是"实事"的目的。坚持实事求是的核心是坚持问题导向。问题是"实事"的起点,"求是"是问题的归宿。

习近平总书记明确指出:"实事求是,是马克思主义的根本观点,是中国共产党人认识世界、改造世界的根本要求,是我们党的基本思想方法、工作方法、领导方法。"① 中国共产党的斗争不是主观随意的,也不是盲动的,而是在坚持实事求是原则的基础上进行的。党在百年的斗争实践中,根据具体的情况不断进行艰苦卓绝的斗争实践,并在斗争实践中检验和发展了斗争方法。

中国革命初期,党内出现了教条主义,即照搬共产国际和俄国革命经验,严重妨害了中国革命的顺利进行。1930年,毛泽东同志在《反对本本主义》一文中提出:"马克思主义的'本本'是要学习的,但是必须同我国的实际情况相结合。"② 也就是说,在革命斗争中既要学习借鉴俄国的成功经验,又要根据我国在革命斗争中出现的具体问题和具体情况,采取相应的斗争方法,不能生硬地照搬照抄。1938年,毛泽东同志在《论新阶段》中首次提出并使用实事求是这个概念,并于1941年写的《改造我们的学习》中着重对实

---

① 《习近平谈治国理政》第一卷,外文出版社2018年版,第25页。
② 《毛泽东选集》第一卷,人民出版社1991年版,第111—112页。

事求是作了全面阐释和论述。之后，经过延安整风，全党牢固树立起实事求是的思想作风。到了党的七大，"实事求是"被确立为党的思想路线，正式写入党章。实事求是作风的形成，为党完成在革命、建设和改革各个时期的发展任务提供了重要的精神风向标。实事求是在实践发展中日益成为我党做好各项工作的重要原则。只有坚持实事求是，科学全面把握客观事物发展的内在规律，立足事物发展的客观实际，才能在一切斗争实践中取得根本性胜利。任何违背实事求是原则、脱离客观实际的斗争都必将走向失败。在实事求是思想路线的指引下，我党坚持从实际出发，立足每个阶段所面临的客观形势，科学研判每个时期的斗争形势，明确每个时期的主要斗争任务，灵活开展斗争实践，从而使我党不断克服一个又一个困难，战胜一个又一个风险挑战，最终建立了新中国，取得了新民主主义革命的胜利。"四人帮"粉碎之后，"左"倾思想并未从根本上得到纠正。十一届三中全会批评了"两个凡是"的错误方针，果断地将党和国家的工作重点转移到社会主义现代化建设上来。十一届三中全会的召开根本扭转了党和国家的前途命运，使实事求是的思想路线在全党全国范围内得到了重新确立。在坚持实事求是思想路线的过程中，党和国家根据当时社

## 第四章　始终坚持坚定的斗争原则

会生产力发展的具体情况，决定把党和国家的工作重心转移到经济建设上来。同时，邓小平同志根据当时国家发展的实际情况，提出改革开放伟大决策。这是根据世情、党情、国情的客观实际而作出的重大决定，有效破解了当时阻碍我国发展的体制机制障碍，盘活了社会发展要素，激发了人民群众建设国家的热情和信心，推动了国家发展面貌发生巨大变化。21世纪以来，国内外形势发生了很大变化，世界多极化和经济全球化在曲折中发展，江泽民同志作出"马克思主义具有与时俱进的理论品质"[1]的精辟论述。与时俱进就是要坚持实事求是，根据发展着的情况开展党和国家各项工作。胡锦涛同志则指出："求真务实，是辩证唯物主义和历史唯物主义一以贯之的科学精神，是我们党的思想路线的核心内容，也是党的优良传统和共产党人应该具备的政治品格。"[2]这就要求共产党人要始终贯彻落实好实事求是思想路线，在工作中遵循客观规律，依据客观规律办事。党的十八大以来，以习近平同志为核心的党中央，坚持实事求是原则，针对国内政治、经济、社会等诸多领域的实际问题开展有力的斗争，不断在斗争中开创新时代中国特色社会主义

---

[1] 《江泽民文选》第三卷，人民出版社2006年版，第282页。
[2] 《胡锦涛文选》第二卷，人民出版社2016年版，第151页。

事业新局面。总的来说，党领导人民在革命、建设、改革时期的斗争中，始终把握当时的"实事"，不断"求是"，从而推动我国发展取得全局性、根本性的成就。

现今，中国特色社会主义步入新时代，我们需要把握好新时代的历史方位和当前世界百年未有之大变局的国内外实际发展环境。这是我们当前和之后很长一段时间内的最大实际。我们在今后的斗争中要始终坚持实事求是原则，根据具体的实际情况开展斗争，做到科学研判斗争形势、理性分析斗争难度、全面制定斗争策略、坚定进行斗争实践。

# 第五章　掌握斗争的艺术善于斗争

习近平总书记指出:"斗争是一门艺术,要善于斗争。"① 斗争是一个过程,贯穿中国革命、建设和改革的各个时期。每个时期都会面临不同的社会矛盾、时代任务、风险挑战,这必然需要讲究斗争的艺术,有方法、有策略、有轻重地进行斗争,不断以灵活的斗争艺术战胜前行中的一切重大困难和挑战,把中华民族伟大复兴推向新的历史征程。

## 一、把握重点,抓住主要矛盾和矛盾的主要方面

矛盾论是马克思主义哲学的重要组成部分,强调事物发展的矛盾性。矛盾贯穿事物发展的过程,是事物发展的根本动力。哪里有问题,哪里就有矛盾。矛盾无时不在、无处不在。社会上存在各种各样的矛盾,

---

① 《习近平谈治国理政》第三卷,外文出版社2020年版,第227页。

有在解决旧矛盾的过程中不断出现的新矛盾,还有随着社会发展不断出现的新矛盾。新旧矛盾总是复杂交织在一起。矛盾不断被解决的过程,也是事物不断从低级向高级发展的过程。可以说,矛盾是普遍存在的现象。事物的发展过程也充满各种各样的矛盾,既有在事物发展过程中占据主导地位的主要矛盾,又有居于次要地位的次要矛盾。主要矛盾是指起支配作用、决定事物发展的矛盾。矛盾的主要方面是指在事物内部起支配作用、主导作用的方面。主要矛盾的主要方面决定和规定事物的性质。矛盾论遵循辩证逻辑思维,要求我们坚持两点论与重点论相统一,在斗争过程中既牢牢抓主要矛盾和矛盾的主要方面,坚持把握好重点,又要统筹兼顾、全面协调,注意解决好次要矛盾和矛盾的次要方面。

(一)要坚持问题导向,在斗争中增强问题意识

习近平总书记指出:"问题是事物矛盾的表现形式,我们强调增强问题意识、坚持问题导向,就是承认矛盾的普遍性、客观性,就是要善于把认识和化解矛盾作为打开工作局面的突破口。"[1] 在斗争过程中,

---

[1] 中共中央文献研究室编:《习近平关于协调推进"四个全面"战略布局论述摘编》,中央文献出版社2015年版,第86页。

要注意发现问题，坚持问题导向，围绕斗争中出现的问题，找到矛盾产生和发展的源头，把正视问题、分析问题、解决问题落实到各个领域和各个方面的工作中去，并根据产生问题的内在原因和外在原因，找到解决问题的科学有效的方法。习近平总书记指出："学习掌握事物矛盾运动的基本原理，不断强化问题意识，积极面对和化解前进中遇到的矛盾。"① 当前，一些党员干部在工作过程中缺乏强烈的斗争精神，存在形式主义的不良作风，遇到问题只是简单应付、流于表面、走个过场，而不是以强烈的问题导向去寻找产生问题的根本性和深层次原因，以至于同一个问题难以得到有效的、根本的解决。问题意识是开展斗争的思想武器，只有具备强烈的问题意识，才能找准斗争的矛头，找到斗争的突破口，不断推进经济社会发展。

（二）要坚持重点论，在斗争中抓主要矛盾和矛盾的主要方面

坚持重点论就是要找准影响事物发展整体和全局的主要矛盾，并首先集中力量攻破这个主要矛盾。中国共产党自成立以来就重视提升斗争艺术，善于通过

---

① 中共中央文献研究室编：《习近平总书记系列重要讲话读本（2016年版）》，学习出版社、人民出版社2016年版，第280页。

抓住重点来展开斗争。新民主主义革命时期，中国社会的两大矛盾是农民阶级和地主阶级的矛盾、中华民族和帝国主义之间的矛盾。这两大矛盾是制约当时中国发展的主要矛盾。因而，新民主主义革命时期的斗争都围绕这两大矛盾展开，把这两大矛盾作为革命斗争的重点来抓。新中国成立后，我国一穷二白，提升物质生产力发展水平是我国发展的主要任务。我党斗争的重点是解决阻碍工业体系建设的各种因素，破解旧社会留下来的各种阻碍社会发展的旧思想、旧制度、旧生产方式，为构建完整的国家工业体系创造条件和环境，以此推动我国经济社会的发展。1981年党的十一届六中全会通过的《关于建国以来党的若干历史问题的决议》以更加科学的言语表达了新中国成立以来我国社会的主要矛盾，指出："在社会主义改造基本完成以后，我国所要解决的主要矛盾，是人民日益增长的物质文化需要同落后的社会生产之间的矛盾。"[①] 在改革开放新时期，我党斗争的重点是解决影响社会生产力发展的重大阻力，坚决破除一切顽瘴痼疾。邓小平同志曾指出："我们要把工作的基点放在出现较大的风险上，准备好对策。这样，即使出现了大的风险，

---

[①] 《中国共产党中央委员会关于建国以来党的若干历史问题的决议》，人民出版社1981年版，第54页。

天也不会塌下来。"① 进入新时代后,我国社会主要矛盾转化为"人民日益增长的美好生活需要和不平衡不充分的发展之间的矛盾"②。随着我国经济社会的全面发展,人民物质生活水平已经跃上新的台阶。在新时代,我党斗争的重点是解决发展不平衡不充分的问题,推动全社会协调发展,不断满足人民美好生活需要。这就需要我们分清楚斗争的轻重缓急,把握好斗争的火候,抓住斗争的重点和矛头,特别是对于那些影响人民群众根本利益的重大突出问题,要着重进行斗争,及时加以解决。

面对当前国内各种矛盾,我们要传承党进行伟大斗争的历史经验,通过抓住重点,攻破影响社会发展的主要矛盾和矛盾的主要方面。当下我国改革发展任务艰巨,各种不确定、不稳定因素越来越多,同时也面临着众多新情况、新问题。这就要求我们首先要有深刻的洞察思维和高超的判断能力,科学、全面、准确地研判出影响经济社会各领域发展的主要矛盾和矛盾的主要方面,着重防范化解影响改革发展的重大风险、重大挑战、重大阻力、重大矛盾,并深入分析其

---

① 《邓小平文选》第三卷,人民出版社1993年版,第267页。
② 习近平:《决胜全面建成小康社会 夺取新时代中国特色社会主义伟大胜利——在中国共产党第十九次全国代表大会上的报告》,人民出版社2017年版,第11页。

产生的深层利益根源，找准进行斗争的切入口和突破口。特别要找准主要矛盾的主要方面，这是影响事物发展的决定性因素，如在处理人民内部矛盾时，要善于从最广大人民群众的心声和诉求中精准捕捉影响最广大人民群众根本利益的矛盾，以此为着力点集中攻破。

与此同时，当前世界正处于百年未有之大变局，各种风险挑战变幻莫测、层出不穷，我们还要进行许多具有新特点的国际斗争。正如习近平总书记所指出的："社会是在矛盾运动中前进的，有矛盾就会有斗争。"[1] 当前国际形势深刻复杂，全球治理问题突出，我国对外发展面临着一系列外部挑战。斗争历来是我党捍卫国家利益和民族利益的重要方式。习近平总书记指出："面对波谲云诡的国际形势、复杂敏感的周边环境、艰巨繁重的改革发展稳定任务，我们必须始终保持高度警惕，既要高度警惕'黑天鹅'事件，也要防范'灰犀牛'事件。"[2] 当下，随着网络信息技术的全球性发展，国际斗争阵地逐渐转移到网络空间上来，并越来越集中在意识形态斗争领域。一些西方敌对势

---

[1] 中共中央党史和文献研究院编：《习近平关于防范风险挑战、应对突发事件论述摘编》，中央文献出版社2020年版，第211页。

[2] 《习近平谈治国理政》第三卷，外文出版社2020年版，第219—220页。

力大肆在我国各大网络平台渗透资本主义价值观,其目的就是通过文化渗透的方式发起无硝烟的战争,这就使得国际斗争更加隐蔽化、无形化。近年来,国际舆论出现众多诋毁我国国家形象的论调,如"中国威胁论""中国崩溃论"。这些论调实质上杂糅了西方某些政治势力对中国的恶意企图,是他们妖魔化中国的标志性话语,其目的就是遏制中国的和平崛起,维护资本主义在全球的霸权地位。国际舆论引导事关国家形象维护、外部发展环境营造等重大战略任务,进行国际舆论斗争无疑成为进行伟大斗争的重要任务。对此,习近平总书记强调:"要讲究舆论斗争的策略和艺术,提升重大问题对外发声能力。"[①] 这些重要论述从国际层面指出了进行国际斗争的重要性,并指出国际斗争要讲究艺术,突出重点。这就要求我们在国际斗争过程中对那些影响我国主权、安全和发展利益的重大风险挑战进行坚决的斗争,切实维护国家利益。

(三)要坚持两点论,在斗争中注意解决次要矛盾和矛盾的次要方面

两点论是马克思主义辩证思维方法,要求用一分为二的观点全面地分析、研究事物。这就要求我们既

---

[①] 《习近平谈治国理政》第四卷,外文出版社2022年版,第318页。

要看到事物的正面，发现事物好的一面，又要看到事物的反面，发现事物不好的一面；既要看到事物的本质、主流方面，又要看到事物的非本质、非主流方面。我们强调在斗争的过程中要抓重点、抓关键、抓中心，把握本质和主流，但这并不意味着要罔顾次要矛盾和矛盾的次要方面，而是要统筹兼顾，在重点解决主要矛盾和矛盾的主要方面的同时，也要根据具体情况和具体要求破解次要矛盾和矛盾的次要方面。众所周知，矛盾具有同一性，这种同一性是指矛盾着的对立面是相互依存和贯通的，并在一定条件下会相互转化。也就是说，主要矛盾和次要矛盾、矛盾的主要方面和矛盾的次要方面在一定条件下会相互转化。因此，我们在斗争的过程中要把握矛盾的辩证关系原理，不能忽视次要矛盾和矛盾的次要方面。当前，国内发展形势错综复杂、风云变幻，使得国内斗争更加复杂。我们在斗争过程中除了要着重解决影响最广大人民群众根本利益、影响民族团结统一、影响社会稳定发展、影响国家安全等的重大矛盾，还要适当地兼顾其他次要的社会矛盾，防止其在发展过程中转化为影响社会发展的主要矛盾。然而，一些党的领导干部在斗争过程中不分主次矛盾，"胡子眉毛一把抓"；一些党的领导干部在斗争过程中只抓重点，不顾其他影响社会发展

## 第五章 掌握斗争的艺术善于斗争

和人民生活的次要矛盾和矛盾的次要方面，导致一些不起眼的问题逐渐发展成尖锐的社会问题。这就要求我们在斗争过程中做到统筹兼顾，协调处理好各种矛盾。统筹兼顾是科学发展观的根本方法，强调既要抓住重点，集中力量破解影响发展全局的重大风险矛盾，又要做到总揽全局、协调各方、全面兼顾。当前我国已经迈入全面建设社会主义现代化国家新征程，我国发展既面临着新的机遇，又面临着新的挑战。我们既要对影响国家发展的重大新挑战进行有力的斗争，又要注意研判在发展中出现的各种新的小矛盾、小问题，做到既分轻重缓急，又抓早抓小。

在斗争过程中注重矛盾转化原理，也启示我们要通过斗争实现化危为机，不断把面临的重大风险矛盾转化为有利于我国发展的因素。化危为机蕴含中华民族的辩证思维。老子在《道德经》中就曾说过："祸兮福之所倚，福兮祸之所伏。"意思是福和祸是相互依存、相互转化的，灾祸之中藏着福分，福分之中藏着灾祸，两者在一定条件下可以相互转化。中华民族历来注重通过合理的斗争实现化灾为福，把危险转变成我国发展的重要机遇。"危是一种客观存在，且是一种具有相对性、暂时性、可变性的客观实在。危与机并不是完全对抗性的，而是相互依赖、互为条件、辩证统一并可以相互转化的。危中有机，机中有危；危可变机，机可变危。"① 中华民族几千年的历史发展始终贯穿化危为机的斗争智慧与斗争精神，通过斗争维系民族的生存与发展。恩格斯曾指出："没有哪一次巨大的历史灾难不是以历史的进步为补偿的。"② 1840年鸦片战争之后，中华民族受到西方列强的入侵，开始一步步走向衰败、落后和贫穷。这时候的中国主权受到了严重的侵犯，人民群众处于水深火热之中。为了扭转中华民族即将亡国灭种的命运，一代代中华儿女敢于斗争、不畏斗争、英勇斗争，不断探索挽救中华民族的出路。农民阶级领导的太平天国运动，在一定程度上冲击了封建专制统治，有力打击了帝国主义的入侵。但由于农民阶级不是代表新的生产力与生产关系的阶级，不能带领中国走向胜利，因而最终以失败告终。地主阶级洋务派开展了洋务运动，大力兴办近代企业，建立新式海陆军，创办新式学堂，派遣留学生，其目的就是自强求富。这是清朝封建统治阶级的一场自救式改革运动，其根本目的是维护和巩固腐朽的封建统治，因而不可避免地走向失败。资产阶级维

---

① 徐国亮:《中华民族化危为机的辩证意蕴与价值表征》,《人民论坛》2020年第9期。

② 《马克思恩格斯全集》第三十九卷,人民出版社1974年版,第149页。

## 第五章 掌握斗争的艺术善于斗争

新派主导的戊戌维新运动,主张建立资本主义君主立宪制,用资本主义制度来改造旧中国腐败落后的社会状况。但由于民族资产阶级的软弱性,戊戌维新运动未能取得成功。资产阶级激进派发起的辛亥革命运动,以推翻清朝专制帝制、建立共和政体为斗争目的,并最终推翻了统治中国几千年的君主专制制度,建立起共和政体。但由于中国的具体国情,资产阶级不能带领中国走向独立和富强的道路。历史深刻证明,要化危为机,把中华民族从危机中拯救出来,就要依靠无产阶级这个代表先进生产力和生产关系的阶级,并使之与封建主义、官僚资本主义和帝国主义进行最彻底的斗争。也就是说,需要无产阶级通过武装革命的暴力方式推翻"三座大山"的统治,带领中华民族走出亡国灭种的困境,并向着中华民族伟大复兴的方向前进。历史是最好的教科书。历史告诉我们,中华民族要发展,就要通过斗争来化解危机,争取把风险挑战转化为有利于自身发展的条件和因素。当前,世界正处于百年未有之大变局,这是根本性、全局性的变局,不仅对世界发展产生深刻影响,也对我国发展造成重大影响。世界百年未有之大变局既存在重大风险,也带来重大机遇。如何把握好这个重要历史机遇期,把风险挑战化解为推动我国外部发展的有利条件，是新时代我国发展必然要应对的时代问题。进行具有许多新的历史特点的伟大斗争，要把握好矛盾发生转化的条件，掌握化危为机的辩证方法，通过斗争把风险矛盾扭转为有利于中华民族伟大复兴的条件。

总的来说，把握重点、抓住主要矛盾和矛盾的主要方面，历来是我党的斗争艺术。注意发现矛盾、正视矛盾、分析矛盾、解决矛盾是斗争取得胜利的工作方法。中国共产党成立一百多年来，始终坚持把矛盾分析法作为指导工作的重要方法。在波澜壮阔的历史征程中，中国共产党以辩证思维逻辑科学分析经济、政治、文化、社会、生态各领域出现的矛盾与问题，科学研判各时期、各领域的重大风险挑战，并在斗争过程中做到分清主次，坚决破除影响社会发展的重大矛盾，防止出现颠覆性的矛盾与风险。与此同时，我党始终居安思危、防患于未然，统筹处理那些影响较小的社会问题，确保社会和谐发展。

## 二、合理选择斗争方式

斗争不是盲目的，而是要讲究方法和策略。习近平总书记指出："合理选择斗争方式、把握斗争火候，在原则问题上寸步不让,在策略问题上灵活机动,要根据形势需要,把握时、效、度,及时调整斗争策略。"① 这就为我们指明了掌握斗争艺术的重要性。斗争艺术事关斗争的胜利,要合理选择斗争方式,有效提升斗争艺术,不断进行具有许多新的历史特点的伟大斗争。

(一)坚持原则的坚定性和策略的灵活性

坚持原则的坚定性就是要时时刻刻讲原则、守底线,在涉及原则的问题上坚决不妥协、不退让,该斗争的就要坚决斗争到底。坚持策略的灵活性主要是指要根据具体的时间、条件、地点,有针对性地做到具体问题具体分析,进而采取不同的斗争方式,不能生搬硬套,不能封闭僵化,而是要采取灵活多样的斗争策略,让斗争"活起来"。坚持原则的坚定性与策略的灵活性要求我们在坚持原则的基础上,采取多样、有效的斗争策略,确保斗争取得胜利。

坚持原则的坚定性和策略的灵活性体现在中国共产党进行斗争的各方面。我国是社会主义国家,在处理民族问题上,我国在坚持社会主义原则的基础上,在各少数民族聚居的地方实行区域自治。这体现了原

---

① 《习近平谈治国理政》第三卷,外文出版社2020年版,第227页。

则的坚定性与策略的灵活性相统一的工作方法。改革开放后,在面对姓"社"还是姓"资"的问题上,邓小平同志主张在坚持社会主义公有制的基础上,建立社会主义市场经济体制。邓小平同志指出:"计划和市场都是经济手段。"① 江泽民同志在党的十五大报告中也指出:"公有制实现形式可以而且应当多样化。"② 社会主义制度是我国的根本制度,但在处理香港和澳门的问题上,我国又赋予香港、澳门高度的自治权。对台湾问题的处理也体现了原则的坚定性与策略的灵活性相统一。《反分裂国家法》明确指出:"国家以最大的诚意,尽最大的努力,实现和平统一。国家和平统一后,台湾可以实行不同于大陆的制度,高度自治。"可以说,坚持原则的坚定性与策略的灵活性相统一是我国维护国家统一、推动社会发展所采取的斗争艺术,体现在革命、建设和改革各个时期的斗争实践中。

进入新时代,国内外斗争形势变幻莫测,斗争手法更加隐蔽无形。这就要求我们在斗争过程中坚定原则不动摇,沿着正确的斗争方向前进;同时又要根据

---

① 《邓小平文选》第三卷,人民出版社1993年版,第373页。
② 中共中央文献研究室编:《十五大以来重要文献选编》(上),人民出版社2000年版,第18页。

新时代的新问题、新情况灵活改变策略，有效破解阻碍新时代社会发展的各种矛盾。正如习近平总书记所言："在事关大是大非和政治原则问题上，必须增强主动性、掌握主动权、打好主动仗，帮助干部群众划清是非界限、澄清模糊认识。"① 凡是涉及原则的问题，坚决不退让、不妥协，必须坚持斗争到底。当前，一些党员、干部在工作过程中存在刻板、保守、僵化的问题，面对新出现的矛盾问题不敢斗争，或者用老旧的办法来解决新的问题，从而导致斗争难以取得实效。这就要求各级党员、干部在斗争的过程中时刻坚定正确的政治原则，在涉及国家和人民利益的问题上不妥协、不退让，坚决同各种分裂势力、敌对势力作彻底的斗争。同时，在坚定原则的基础上，要运用灵活的策略开展斗争，不能教条化和僵化，要时刻根据斗争形势的变化及时调整斗争方向，重新制定针对新情况、新问题的斗争策略，确保斗争取得胜利。

（二）坚持有理、有利、有节

毛泽东同志在抗日战争时期就提出要坚持有理、有利、有节的斗争原则和技巧。抗日战争时期，中国共产党在积极开展抗日救亡运动的同时，还与国民党

---

① 《习近平谈治国理政》第一卷，外文出版社2018年版，第155页。

顽固派进行坚决的斗争。国民党当局在与共产党合作抗战的同时,掀起反共浪潮,企图打击和消灭我党领导的抗日武装力量与人民民主力量,使得我党不得不与国民党反动势力进行斗争。毛泽东同志在《目前抗日统一战线中的策略问题》的报告中系统地总结了同国民党顽固派斗争的经验和教训,明确提出"有理、有利、有节"的原则。随着时代的发展,有理、有利、有节的原则并没有过时,而是随着斗争实践的发展日益成为推动我党斗争取得胜利的重要艺术。

有理指的是自卫原则。毛泽东同志强调:"同顽固派斗争,必须注意下列几项原则。第一是自卫原则。人不犯我,我不犯人,人若犯我,我必犯人。这就是说,决不可无故进攻人家,也决不可在被人家攻击时不予还击。这就是斗争的防御性。"[1] 我们的斗争不是随意的,而是为了维护国家和人民利益而作出的自卫斗争。当国家利益和人民利益受到侵犯时,必须勇于站出来进行斗争。1950年6月25日,朝鲜内战爆发。美国为维护其在亚洲的霸权地位,推行侵略政策。随后,美国总统杜鲁门命令美国驻远东的海军、空军参战,支援南朝鲜(韩国)军;同时命令美国海军第七

---

[1] 《毛泽东选集》第二卷,人民出版社1991年版,第749页。

## 第五章　掌握斗争的艺术善于斗争

舰队进入台湾海峡，侵占中国领土台湾。为保卫中国东北地区的安全和在必要时援助朝鲜人民的反侵略战争，我国作出"抗美援朝、保家卫国"的战略决策，决定将东北边防军改为中国人民志愿军入朝参战，同朝鲜人民一起共同抗击美国侵略者，坚决维护我国主权、安全和发展利益。正如习近平总书记在纪念中国人民志愿军抗美援朝出国作战70周年大会上发表讲话时所强调的："中国人民不惹事也不怕事，在任何困难和风险面前，腿肚子不会抖，腰杆子不会弯，中华民族是吓不倒、压不垮的！"[①]

有利指的是胜利原则。毛泽东同志指出："第二是胜利原则。不斗则已，斗则必胜，决不可举行无计划无准备无把握的斗争。"[②] 我们在斗争过程中要掌握斗争局势，时刻保持清醒的头脑，制定出系统的斗争路线和策略，只有这样才能朝着既定的胜利目标前进。首先，要把握斗争局势。对斗争局势的把握是斗争取得胜利的基础，只有科学研判好斗争局势，深刻分析斗争局势的发展走向，对斗争局势的变化作全面的预估，才能在斗争过程中做到胸有成竹、临危不乱。这就要求全体党员、干部要有高超敏锐的洞察力和判断

---

① 《习近平谈治国理政》第四卷，外文出版社2022年版，第75页。
② 《毛泽东选集》第二卷，人民出版社1991年版，第749页。

力，对我们当前面临的重大风险矛盾具有清醒、理性、深刻的认识，把握好党情、国情、世情，时刻做好斗争的思想准备。其次，要制定斗争策略。斗争策略是斗争取得胜利的关键，强有力的斗争策略可以起到事半功倍的效果。在斗争过程中，要讲究策略，通过制定科学全面的斗争策略和斗争战术，对我们所面临的风险挑战实现一一攻破。最后，要进行有力的斗争实践。敢于斗争、勇于斗争、善于斗争历来是中国共产党人的品质特点。中国共产党一百多年不懈奋斗的历史就是一部中国共产党带领人民群众打破旧世界、旧制度，建立新世界、新制度的斗争史。正是在中国共产党带领人民进行斗争的历史实践中，我们建立了新中国，开启了人民当家作主的时代，使中国实现了从站起来到富起来、强起来的伟大飞跃。今天，我们面临的风险挑战较过去具有更多的不确定性、不稳定性，这就需要我们进行有力的斗争实践，坚决同各种敌对势力进行顽强的斗争。正如习近平总书记在党的二十大报告中所指出的："面对这些影响党长期执政、国家长治久安、人民幸福安康的突出矛盾和问题，党中央审时度势、果敢抉择，锐意进取、攻坚克难，团结带领全党全军全国各族人民撸起袖子加油干、风雨无阻向前行，义无反顾进行具有许多新的历史特点的

## 第五章 掌握斗争的艺术善于斗争

伟大斗争。"①

有节指的是休战原则。毛泽东同志指出:"第三是休战原则。在一个时期内把顽固派的进攻打退之后,在他们没有举行新的进攻之前,我们应该适可而止,使这一斗争告一段落。在接着的一个时期中,双方实行休战。这时,我们应该主动地又同顽固派讲团结,在对方同意之下,和他们订立和平协定。决不可无止境地每日每时地斗下去,决不可被胜利冲昏自己的头脑。这就是每一斗争的暂时性。在他们举行新的进攻之时,我们才又用新的斗争对待之。"② 有节强调把握斗争的节奏,该斗争的时候就要斗争,该亮剑的时候就要亮剑,做到既不盲目斗争,也不畏手畏脚。"明者因时而变,知者随事而制。"节制绝不是妥协和投降,而是为了更好地储备力量,从而抓住时机进行新的斗争。有节要求我们在斗争中把握火候,既要同阻碍社会各领域的矛盾和问题作斗争,又要根据具体斗争情况及时进行休整和储备力量,不能为了斗争而斗争。

有理是前提,有利是目的,有节是要注意的问题。有理才能实现有利,有利才能证明有理。做到有理、

---

① 习近平:《高举中国特色社会主义伟大旗帜 为全面建设社会主义现代化国家而团结奋斗——在中国共产党第二十次全国代表大会上的报告》,人民出版社2022年版,第5—6页。

② 《毛泽东选集》第二卷,人民出版社1991年版,第749—750页。

有利后，还要注意有节，确保有理、有利的合法性、合理性和目的性。在斗争过程中只有做到有理、有利、有节，才能促使斗争取得重大胜利。

（三）把握时、度、效，及时调整斗争策略

斗争是一门艺术，不能盲从，而要把握好时、度、效，根据斗争情况及时调整策略。其一，要因时而动，牢牢把握斗争的主动权。因时而动是斗争的重要艺术，强调要选择合理的时机进行斗争。只有在合理的时机进行斗争，才能充分利用天时、地利、人和等条件占据斗争优势，牢牢把握斗争的主动权。这就要求我们在斗争过程中注意把握时机，在合适的时机重拳出击，大力处置各种形式主义、官僚主义、享乐主义和奢靡之风，严厉整治各种腐败贪污问题，高压打击各种分裂活动，不断通过斗争推动社会和谐发展。其二，要谋势度情，科学地进行斗争。"不谋万世者，不足谋一时；不谋全局者，不足谋一域。"在斗争中，年轻的党员干部往往由于斗争经验和阅历的缺乏，误判斗争形势，出现过犹不及或者不敢斗争的问题。这就要求中国共产党人坚持适度原则，在斗争中注意分寸，把握好斗争的火候，防止出现与斗争目的背道而驰的情况。其三，要注重实效，确保斗争取得成绩。注重实效就要针对问题制定具体可行的斗争方向、斗争方案和斗争预期目标，并拿出新招实招，作出人民群众可感知的成效，让群众切切实实感受到斗争带来的新变化、新气象、新收获。

## 三、团结一切可以团结的力量，调动一切积极因素

习近平总书记指出："要团结一切可以团结的力量，调动一切积极因素，在斗争中争取团结，在斗争中谋求合作，在斗争中争取共赢。"[1] 通过斗争团结一切可以团结的力量是马克思主义政党重要的斗争策略，体现了马克思主义政党高超的斗争艺术。在斗争过程中团结一切可以团结的力量是斗争取得胜利的基础和条件。早在革命时期，毛泽东同志就指出："但是不论何时，又团结，又斗争，以斗争之手段，达团结之目的。"[2] 团结与斗争不是对立的关系，而是辩证统一的关系。在斗争中促进团结、在团结中进行斗争历来是我党重要的斗争艺术。

斗争的目的之一就是解决矛盾和问题，从而团结

---

[1]《习近平谈治国理政》第三卷，外文出版社2020年版，第227页。
[2]《毛泽东选集》第四卷，人民出版社1991年版，第1154页。

人心、凝聚力量。新民主主义革命时期，为了凝聚全民族的力量共同抗日，毛泽东同志根据我党的斗争经验和艺术，采取又联合又斗争的技巧，把被压迫的阶级以及各级各类团体有效组织起来，形成广泛的抗日民族统一战线。毛泽东同志早就告诫过："一切共产党员须知：只有抗战到底，才能团结到底，也只有团结到底，才能抗战到底。"[①] 通过斗争能有效解决民众之间的分歧和矛盾，进而达到凝聚共识、统一战线的目的。进入新时代，我们面临的发展形势更加复杂多样，需要通过斗争把全党全国各族人民紧紧团结在一起。

（一）通过斗争团结全党的力量

推动中国特色社会主义发展，关键在党。党的领导地位和作用决定了党进行自我革命的必要性和重要性。习近平总书记在党的二十大报告中指出："经过十八大以来全面从严治党，我们解决了党内许多突出问题，但党面临的执政考验、改革开放考验、市场经济考验、外部环境考验将长期存在，精神懈怠危险、能

---

[①] 《毛泽东选集》第二卷，人民出版社1991年版，第759页。

## 第五章　掌握斗争的艺术善于斗争

力不足危险、脱离群众危险、消极腐败危险将长期存在。"① 党的十八大以来，我党大力推进全面从严治党，同党内的矛盾和问题进行坚决的斗争，不断通过自我革命凝聚全党的力量。其一，在理论水平提升方面，通过加强马克思主义理论的宣传教育引导广大党员干部克服理论水平不足等问题。马克思主义是指导我们进行斗争的科学理论。有了科学的理论指导，才能够确保斗争沿着正确的方向前进。一旦失去科学理论的指导，斗争就容易偏离中国特色社会主义道路，甚至走向改旗易帜的邪路。我党历来重视以马克思主义科学理论提升党员干部的理论素养。马克思曾指出理论武装的重要性："批判的武器当然不能代替武器的批判，物质力量只能用物质力量来摧毁；但是理论一经掌握群众，也会变成物质力量。"② 其二，在作风整治方面，针对党员干部在精神、思想、意识方面存在的问题，我党坚持"团结—批评—团结"的原则，通过开展各类主题教育，不断强化广大党员干部的宗旨意识、服务意识、群众意识，同各种精神懈怠、脱离群众、理想信念动摇等问题作斗争，引导广大党员干部

---

① 习近平：《高举中国特色社会主义伟大旗帜　为全面建设社会主义现代化国家而团结奋斗——在中国共产党第二十次全国代表大会上的报告》，人民出版社2022年版，第63—64页。

② 《马克思恩格斯选集》第一卷，人民出版社2012年版，第9页。

坚定理想信念、加强宗旨意识，从而达到凝聚全党共识、团结全党力量的斗争目的。其三，在反腐败方面，我党以零容忍的态度反腐惩恶，坚持不敢腐、不能腐、不想腐一体推进，防止领导干部以权谋私、腐败堕落，用公共权力为利益集团和权势团体谋取不正当利益。习近平总书记指出："腐败是危害党的生命力和战斗力的最大毒瘤，反腐败是最彻底的自我革命。"[①] 坚决打赢反腐败斗争攻坚战持久战是全面从严治党的重要任务，只有与腐败问题进行彻底的斗争，我党才能始终坚守初心使命，坚持为人民谋幸福，把全党力量集中到实现中华民族伟大复兴的奋斗目标上来。我党就是不断通过斗争团结全党力量，进而不断提升党的执政能力和水平的。

当前，全面从严治党取得显著成效，我党持之以恒地正风肃纪，以坚毅的态度和果敢的行动坚决反对各种特权思想和特权行为，对于违反党章、党规、党纪的行为予以严厉的整治，以钉钉子精神纠治"四风"，坚决整治党内各种歪风邪气和腐败现象，解决了许多过去遗留下来的顽瘴痼疾。与此同时，我们也

---

[①] 习近平：《高举中国特色社会主义伟大旗帜　为全面建设社会主义现代化国家而团结奋斗——在中国共产党第二十次全国代表大会上的报告》，人民出版社2022年版，第69页。

应该注意,当前一些党员干部仍缺乏宗旨意识、服务意识、担当精神,在工作过程中存在形式主义、享乐主义、官僚主义等不良作风。同时,铲除腐败滋生土壤的任务依然艰巨。这就要求我党要继续深入推进全面从严治党,贯彻落实新时代党的建设总要求,坚持思想建党和制度治党同向发力,以刀刃向内的勇气和强烈的斗争精神战胜党内存在的歪风邪气和腐败毒瘤。

(二)通过斗争团结广大人民群众的力量

人民是历史的创造者,是社会变革的决定力量。马克思曾对人民群众的作用作出过大量的论述,指出:"一定的社会关系同麻布、亚麻等一样,也是人们生产出来的。"① "思想、观念、意识的生产最初是直接与人们的物质活动,与人们的物质交往,与现实生活的语言交织在一起的。"② 这些论述指明了人的主体性作用,阐明人是历史的创造者。习近平总书记也明确指出:"人民是历史的创造者,是决定党和国家前途命运的根本力量。"③ 党的根基在人民、力量在人民。只有

---

① 《马克思恩格斯选集》第一卷,人民出版社2012年版,第222页。
② 《马克思恩格斯选集》第一卷,人民出版社2012年版,第151页。
③ 习近平:《决胜全面建成小康社会 夺取新时代中国特色社会主义伟大胜利——在中国共产党第十九次全国代表大会上的报告》,人民出版社2017年版,第21页。

团结广大人民的力量，才能为党和国家发展凝聚起磅礴的力量，因而必须要把广大人民群众团结到社会主义现代化建设的征程上来，充分发挥人民群众的创造作用和首创精神。

在斗争中团结人民群众的力量，要求通过斗争来帮助人民群众解决实际困难，坚决同破坏最广大人民群众根本利益的风险矛盾作斗争，与人民群众站在同一个立场，想民所想、盼民所盼，在帮助人民群众解难题、办实事的过程中让人民群众获得直接的幸福感，从而拉近党和人民的距离，加深党和人民的感情。这样一来，人民群众就会发自内心地拥护、信任党和国家，自觉地团结在党的周围。

其一，要在斗争中回应人民群众的诉求。人民群众的诉求就是人民群众的期盼和需要。我党斗争的根本的目的就是不断克服发展过程中的问题，满足人民群众的新期盼和新需要，为人民创造更加美好的生活。因而，必须在斗争中畅通和规范人民群众诉求表达机制，及时回应人民群众所反映的诉求，并根据在人民群众当中出现的问题进行斗争，不断化解人民群众内部矛盾问题，做到早发现、早防范、早解决。人民群众内部出现的矛盾是在人民利益根本一致的基础上的矛盾，这种矛盾是非对抗性的矛盾，要用民主的斗争方法加以解决，即要采取"团结—批评—团结"的方法，经过必要的斗争，推动人民内部矛盾得到化解。

其二，要在斗争中凝聚人民群众的共识。凝聚人民群众的共识能够团结人民群众的力量，进而把人民群众的力量凝聚到中华民族伟大复兴的征程上来。人民群众在思想意识上认不认可、赞不赞同党和国家的各项方针政策和改革举措，深刻影响党和国家的整体发展。当前，一些群众由于受到外来势力的鼓动和迷惑，对党和国家产生怀疑和不认同的态度，甚至反对党和国家的改革发展举措，破坏社会和谐稳定。这就要通过斗争来厘清人民群众的误解，拨开人民群众的思想困惑，提升人民群众对党和国家的认识，进而提升人民群众对党和国家的认可度和信任度。

其三，要在斗争中获得人民群众的支持。人民群众的支持是党和国家开展各项工作的基础。倘若人民群众不支持、不拥护，党和国家的各项工作就难以顺利开展下去。这就要通过斗争健全社会矛盾源头预防机制和依法防范化解矛盾机制，推动形成完善的矛盾预防和解决渠道，让人民群众切实感受到生活在中国的幸福，从而使人民群众更加支持和拥护党的领导。

当前，我国社会的主要矛盾是人民日益增长的美好生活需要和不平衡不充分的发展之间的矛盾。这一社会主要矛盾对广大人民幸福感和获得感的影响是长期且深刻的。这就要通过斗争破解发展不平衡不充分的问题，解决影响人民追求美好生活的各种社会矛盾，切实维护最广大人民群众的根本利益，保障人民群众通过劳动创造幸福生活的权益。解决发展不平衡不充分的问题，需要统筹各个地区、各个领域的发展，与阻碍社会协调发展的问题作斗争。当前，我国仍然存在东西部发展不平衡的问题，主要体现在东部地区发展快且各领域发展较为均衡，而西部地区则发展较慢且各领域发展不平衡。这个实际国情决定我国斗争要着力打破生产力发展不均衡的问题，加快对西部地区的开发，推动西部地区经济发展，解决好西部地区的民生发展问题。这就要求广大党员干部增强责任意识和担当精神，主动投身社会建设，特别要积极参与西部的开发与建设，自觉到广大民族地区和基层一线去体察民情、服务群众，帮助人民群众解决各种阻碍美好生活建设的矛盾，不断在斗争中提升人民群众的国家认同、民族认同和政治认同，进而把人民群众像石榴籽一样团结起来。此外，党员干部要牢牢把握斗争的正确方向，善于抓住人民群众最关心的问题，敢于啃硬骨头、打硬仗，及时破解各种影响改革发展的矛盾，及时解决广大人民群众在就业、教育、医疗、养老等方面遇到的难题，并在为人民群众解决难题的过程中加深与人民群众的感情，拉近与人民群众的距离，密切与人民群众的联系，与人民群众打成一片，不断凝聚广大人民群众的思想共识，为党和国家构筑起牢固的群众基础。

（三）通过斗争团结港澳台同胞和海外华侨同胞

港澳台同胞和海外华侨同胞是党执政的重要群众基础，是推动中华民族伟大复兴的重要力量。习近平总书记在党的二十大报告中明确指出："全面准确、坚定不移贯彻'一国两制'、'港人治港'、'澳人治澳'、高度自治的方针，坚持依法治港治澳，维护宪法和基本法确定的特别行政区宪制秩序。"[①]"一国两制"在港澳的实施，是维护国家统一、团结港澳同胞力量的制度选择，具有历史必然性。近年来，港澳发展形势出现了一些新情况、新问题，一些敌对势力恶意在涉港、涉澳等问题上加以干涉，企图破坏我国主权和领土完整。西方敌对势力干涉我国内政的险恶用心就是遏制、打压我国的和平崛起，以维护资本主义在全球的霸权地位。西方敌对势力还把触角伸到台湾问题上

---

① 习近平：《高举中国特色社会主义伟大旗帜　为全面建设社会主义现代化国家而团结奋斗——在中国共产党第二十次全国代表大会上的报告》，人民出版社2022年版，第57页。

来，企图破坏我国实现完全统一的愿望。解决台湾问题，推动祖国实现完全统一，是全体中华儿女的共同愿望，也是中国共产党的历史任务。台湾被外族侵占，给广大台湾同胞带来抹不去的伤痛，给中华民族历史抹上惨痛的色彩。因而，我们要通过斗争团结港澳台同胞和海外华侨同胞，凝聚港澳台同胞和海外华侨同胞的力量，坚决捍卫国家利益，争取中华民族早日实现大团结、大团圆。

我们必须敢于亮剑，通过有力的斗争打击一切企图破坏我国国家统一、主权和领土完整的行为，决不允许我国主权与领土完整受到肆意践踏和破坏。我们要与一切分裂行为进行顽强的斗争，决不允许任何人、任何组织、任何政党在任何时候、以任何形式把任何一块中国领土从中国分裂出去，坚决捍卫港澳台同胞的利益，凝聚海外华侨同胞的爱国之情，把全体中华儿女的力量凝聚到实现中华民族伟大复兴的奋斗目标上来，让全体中华儿女像石榴籽一样紧紧团结在一起。

# 第六章　斗争本领不是与生俱来的

2022年10月27日,中国共产党第二十次全国代表大会闭幕后不到一周,中共中央总书记、国家主席、中央军委主席习近平带领中央政治局常委全体成员前往中国革命的摇篮——延安。在参观"伟大历程——中共中央在延安十三年历史陈列"后,习近平总书记意味深长地指出:"全党同志要发扬斗争精神、提高斗争本领,坚决战胜前进道路上的各种困难和挑战,依靠顽强斗争打开事业发展新天地。"① 打铁必须自身硬,发扬斗争精神,务必练就斗争本领,这是新时代新征程进行伟大斗争的必然要求。党和人民取得的一切成就,不是天上掉下来的,不是别人恩赐的,而是通过不断斗争取得的,这是世人皆知的客观事实。实践也已然证明,斗争精神、斗争本领不是与生俱来的,更不是敲锣打鼓就能练就的,而是党带领全体人民通过长期奋斗、历经千锤百炼而得来的。党的二十大报告

---

① 《弘扬伟大建党精神和延安精神　为实现党的二十大提出的目标任务而团结奋斗》,《人民日报》2022年10月28日。

明确指出:"坚持发扬斗争精神。增强全党全国各族人民的志气、骨气、底气,不信邪、不怕鬼、不怕压,知难而进、迎难而上,统筹发展和安全,全力战胜前进道路上各种困难和挑战,依靠顽强斗争打开事业发展新天地。"①站在"两个百年"交融交汇的重大时间节点上,同时又处于中华民族伟大复兴历史进入乘势而上、不可迟滞中断的关键时期,为了更好地完成新时代新征程中国共产党的使命任务,必须更加自觉地发扬斗争精神、加强斗争历练,着力增强防风险、迎挑战、抗打压能力,以高超的斗争本领有效应对来自政治、经济、意识形态、生态等方面的风险挑战。唯有如此,党和国家的事业才能不断从胜利走向新的胜利。

## 一、在思想淬炼中夯实理论根基

政治上的坚定,源于理论上的清醒,理论与实践在本质上是统一的。在新时代,斗争形势是严峻的,斗争内容是多样的,这要求我们自觉经受思想淬炼,学懂弄通做实习近平新时代中国特色社会主义思想,

---

① 习近平:《高举中国特色社会主义伟大旗帜 为全面建设社会主义现代化国家而团结奋斗——在中国共产党第二十次全国代表大会上的报告》,人民出版社2022年版,第27页。

## 第六章　斗争本领不是与生俱来的

掌握贯穿其中的马克思主义立场、观点和方法，进而夯实敢于斗争、善于斗争的思想根基。

首先，发扬斗争精神必须坚持马克思主义立场、观点和方法。黑格尔曾说，哲学是时代精神的精华。经典著作贯穿着马克思主义立场、观点和方法，其中包含着明确的问题意识、经典的分析方法和深刻的哲学精神。马克思主义诞生至今已有一个半世纪有余，但是至今仍然闪烁着真理的光辉，始终是指引全国人民前进的灯塔。之所以如此，原因在于这一套理论体系彰显的科学理论思维和伟大斗争精神。追昔抚今，鉴往知来，中国共产党的历史就是一部理论觉醒的历史。在历经了自强运动、变法运动、共和运动等诸多实践变革失败之后，一些有识之士逐渐意识到，仅仅依靠器物层面，仅仅依靠一腔斗争热血，无法拯救落后的中国。后来他们毅然决然地拾起马克思主义作为斗争的理论武器，开创了无产阶级夺取革命胜利的伟大事业。习近平总书记在纪念马克思诞辰200周年大会上指出："共产党人要把读马克思主义经典、悟马克思主义原理当作一种生活习惯、当作一种精神追求，用经典涵养正气、淬炼思想、升华境界、指导实践。"[①]

---

[①]　习近平：《在纪念马克思诞辰200周年大会上的讲话》，《人民日报》2018年5月5日。

这为我们着力提升马克思主义理论素养提出了根本要求。在马克思主义理论大众化方面，习近平总书记在中央政治局第五次集体学习中明确指出："要深化经典著作研究阐释，推进经典著作宣传普及，让理论为亿万人民所了解所接受，画出最大的思想同心圆。"[1] 习近平总书记的这番话指向明确、意义深远，要求我们准确把握学习、研究、阐释经典著作的时代要求，加强经典著作大众化宣传普及工作，从而使经典著作的真理力量及其昭示的斗争精神发扬光大，并转化为我们继续前进的动力。

其次，发扬斗争精神必须清醒认识新时代伟大斗争的长期性、复杂性和艰巨性。常言道："行百里者半九十。"即虽然"九十里"离"百里"只剩"十里"，但要走完这最后"十里"，就更要抱有锲而不舍、持之以恒的精神。这一认识意味着我们离中华民族伟大复兴的目标越近，就越要小心谨慎，深刻认识伟大斗争的长期性、曲折性。我党历史上历经的重重艰难险阻、跨越的一个个激流险滩、取得的每一项伟大成就，都并非一蹴而就、毕其功于一役的斗争，都经历了艰难且漫长的过程。中国共产党人在无数次革命斗争失败

---

[1] 《深刻感悟和把握马克思主义真理力量 谱写新时代中国特色社会主义新篇章》，《人民日报》2018年4月25日。

## 第六章　斗争本领不是与生俱来的

后清醒地意识到，无产阶级的斗争需要一代代人的不懈奋斗才能稳步推进。不论是在战火纷飞的革命年代，还是在和平崛起的建设和改革时期，不论是在关乎衣食住行的经济基础领域，还是在危机四伏的意识形态领域，都存在一系列艰苦卓绝的斗争。任何对各方面斗争抱有侥幸想法、存在畏惧和逃避情绪的行为，都不利于伟大斗争的顺利进行。这就要求我们在思想上对世界发展大势和中国历史方位树立深刻的认知和科学的研判，从而明确"为什么斗争""为谁斗争"和"如何斗争"的根本问题。就目前看，世界范围内两种意识形态、两种社会制度相互博弈的格局决定了加强思想武装的极端重要性。尽管当前我国理论发展和实践探索正朝着有利于马克思主义、社会主义的方向转变，但从国际范围内看，资本主义、自由主义势力仍旧占据着世界的半壁江山，以美国为首的西方国家对中国的和平崛起采取了一系列围追堵截政策，刻意制造矛盾冲突，力图阻止中华民族伟大复兴的进程。这意味着我们必须充分认识到实现中华民族伟大复兴中国梦这场伟大斗争的复杂性、长期性和艰巨性特征。当前，我们党领导的伟大斗争、伟大工程、伟大事业、伟大梦想正如火如荼地进行，改革发展稳定任务艰巨而繁重。唯有深刻意识到这一点，才能赢得主动、赢得未来，这是我们全面建设社会主义现代化国家新征程中掌握战略主动的基本条件。

发扬斗争精神必须敢于同思想领域的问题作斗争。思想领域的斗争比起其他领域的斗争更为深刻复杂。习近平总书记在全国宣传思想工作会议上的讲话中强调："意识形态工作是党的一项极端重要的工作。"[①] 这句话警示我们，如果思想文化领域不被先进的思想文化、社会思潮占领，那么落后、腐朽的思想文化必然会占领我们社会的肌体，进而击溃我国意识形态大厦的根基。虽然早在六七十年前我们就建设了社会主义国家，确立了社会主义意识形态的制度基础，但是意识形态领域的斗争仍然存在，尤其是东欧剧变、苏联解体后，境外敌对势力企图削弱马克思主义理论研究和宣传的影响力，在精神上解除我们的思想武装，进而颠覆社会主义制度。马克思主义中国化过程中始终伴随着同各路理论的交锋、同错误思潮的斗争。大革命时期，中国共产党人针对陈独秀右倾机会主义错误和否定党的领导权的错误思想倾向进行了深刻反思和纠正，并在大革命失败后对党内出现的"左"倾错误进行了坚决抵制。抗日战争时期，正是中国共产党坚

---

① 《胸怀大局把握大势着眼大事　努力把宣传思想工作做得更好》，《人民日报》2013年8月21日。

## 第六章　斗争本领不是与生俱来的

定地以共产主义理想为精神旗帜，才得以在驱散外辱的同时始终保持自身的独立性而没有被国民党所吞噬。新中国成立之后，中国共产党通过进一步扩大宣传马克思主义理论，批判错误思想倾向，促进了对旧社会意识形态的改造。改革开放之后，面对我国社会主义市场经济发展过程中出现的各种社会思潮，尤其以新自由主义、民主社会主义、历史虚无主义等为典型的思潮对凝聚社会思想共识产生了诸多负面影响，中国共产党人以坚决占领社会主义思想阵地为重要任务，以社会主义核心价值体系为思想武器，以进行改革开放这场"中国的第二次革命"[①]伟大事业为主要任务，发扬革命和拼命精神，不断夯实社会主义群众基础。新时代以来，以习近平同志为核心的党中央明确提出以社会主义核心价值观引领社会思潮，并将其融入法治国家建设和社会治理过程，取得了累累硕果。从未来之维看，世界百年未有之大变局与中华民族伟大复兴战略格局同步交织，我们党进入前所未有的战略机遇期，但也面临着各种风险挑战。面对各种错误思潮、错误观点，更要提高警惕，勇于同它们作英勇斗争，这是目前我国意识形态领域面临的一项重要任务。

---

① 习近平：《开放共创繁荣　创新引领未来》，《人民日报》2018年4月11日。

最后，发扬斗争精神必须用系统的马克思主义理论武装党员干部。做好理论武装工作要求各级领导干部高度重视思想淬炼，争做马克思主义的信奉者、继承者、实践者和发展者。理论的发展与历史的演进是相辅相成的，要充分吸取党史、新中国史、改革开放史、社会主义发展史中的经验和教训，深刻领悟我们党一百多年来廓清思想迷雾、排除万难所总结出来的宝贵历史经验，认真学习中国共产党人在推进马克思主义中国化过程中取得的全部理论成果。中国特色社会主义进入新时代，习近平总书记针对党员干部加强思想淬炼提出了许多指示和要求。对此，党员尤其是党员领导干部要坚持不懈地用习近平新时代中国特色社会主义思想武装头脑，提升思想理论水平，提高认识水平和辨别能力。系统学习马克思主义理论，深入理解和完整掌握辩证唯物主义和历史唯物主义的世界观和方法论原理，不断提升分析问题和解决问题的思维和能力。善于学习，就是善于进步，加强党员干部教育培训，有利于推进马克思主义学习型政党、学习型大国的建设。作为党的建设的重要方面，党员教育是保障党组织先进性和纯洁性的重要手段。新时代不仅要加强党员的政治理论教育、党章党规党纪教育、形势政策教育，而且要着力推进党员教育制度化建设。

第六章　斗争本领不是与生俱来的

根据《中国共产党党内统计公报》提供的数据,截至2021年12月31日,中国共产党党员总数为9671.2万名,比2020年底净增343.4万名,增幅为3.7%。中国共产党现有基层组织493.6万个,比2020年底净增11.7万个,增幅为2.4%。其中基层党委27.8万个,总支部31.6万个,支部434.2万个。[①] 如此庞大的党组织系统,要形成良好的学习氛围、取得良好的学习效果,就需要在实施环节奠定制度基础。《中国共产党章程》(2022)明确规定推进"两学一做"学习教育、党史学习教育常态化制度化,这为进一步完善党员教育制度化建设、加强党员思想淬炼从而更好地契合新时代新征程的使命任务,奠定了重要根基。

## 二、在政治历练中站稳政治立场

在新时代加强国家安全体系和能力建设的整体布局中,确保政治安全是重中之重。对此,习近平总书记在党的二十大报告中郑重强调,我们要"以政治安全为根本"。作为国家安全体系的重要组成部分和根本,政治安全关乎国内稳定执政、化解风险和社会矛

---

[①] 《中国共产党党内统计公报》,2022年6月29日,https://www.12371.cn/2022/06/29/ARTI1656486783270447.shtml。

盾、保持政治制度平稳运行，这恰恰对党员干部加强政治历练提出了更高要求。

旗帜鲜明讲政治是我们党作为马克思主义政党的根本要求。在干部所应具备的各种能力中，政治能力是摆在第一位的。所谓政治历练，通常指的是政治主体通过一系列政治活动、环节和手段，不断丰富其政治经验，涵养其政治智慧，提升其政治本领。从本质上讲，就是推动党员干部尤其是年轻干部树立政治信念、扎牢政治站位和锻炼政治能力的手段和方式。中国共产党历来十分重视和强调政治历练，认为政治历练是政治生活的重要环节，是对政治活动主体所提出的必然要求。任何一名党员干部要想在政治上硬起来，就务必要加强政治历练。要使一个党员干部旗帜鲜明讲政治，不能只停留在口头上，还要印刻在脑海里，落实到行动上。唯有如此，方能经风雨、壮筋骨，进而锻造成烈火真金，为中国共产党实现善政善治提供坚实的保障。

中国共产党加强干部政治历练的思想不是凭空构筑出来的，而是建立在马克思列宁主义思想基础之上形成和发展而来的。马克思主义政党理论是无产阶级与资产阶级进行阶级斗争的产物，是一个内容丰富的思想体系，其中对无产阶级政党提出了高标准和严要

## 第六章　斗争本领不是与生俱来的

求,指出了无产阶级政党的先进性标准,这决定了无产阶级政党对党员干部标准的高度重视。马克思、恩格斯作为革命家,在为指导共产主义者同盟、第一国际和各社会主义政党而写下的大量著作、章程、信件中,提出了对党的干部、领袖的政治要求,认为党的干部必须要有共产主义理想,捍卫党的性质和宗旨。马克思在《共产主义者同盟章程》中鲜明地指出了对同盟成员的具体要求:"(a)生活方式和活动必须符合同盟的目的;(b)具有革命毅力并努力进行宣传工作;(c)承认共产主义;(d)不得参加任何反共产主义的(政治的或民族的)团体并且必须把参加某团体的情况报告有关的领导机关;(e)服从同盟的一切决议;(f)保守同盟的一切机密;(g)必须获得一致通过,才能被接收入某一支部。"[①] 这些要求实质上规定了党员的政治标准。在无产阶级革命战争实践中,面对德国社会民主工党领导人违背纲领原则而作出的让步,恩格斯在致倍倍尔的信件中批判了一切影响党的政治纯洁性的机会主义做法。同样地,列宁通过亲自领导无产阶级实践,认为能够进行斗争的党必须是在铁一般的斗争中锻炼出来的政党,在理论和实践维度充分

---

① 《马克思恩格斯全集》第四卷,人民出版社1958年版,第572页。

证明了加强政治历练的极端重要性，为推进党员干部政治历练指明了前进方向。

中国共产党百年历程的各个历史时期赋予了我们党阶段性的奋斗目标。可以说，我们党是在不断加强党性锻炼和政治历练中成长壮大起来的，政治历练始终贯穿于我们党百年革命、建设和改革进程中的一切实践活动。作为一个饱经历练的无产阶级政党，讲政治是中国共产党的优良传统和鲜明特征。在新民主主义革命时期，中国共产党人团结一切可以团结的力量，在血与火的不懈斗争中练就了不怕牺牲、勇于奋斗的政治品格，通过纠正党内极端民主化、流寇主义等非无产阶级思想，给党内干部上政治课，从而抵御住了来自敌对、落后势力的围追堵截，最终实现了民族独立和人民解放；在社会主义革命和建设时期，我们党投入建设社会主义国家的崭新实践当中，经历了土地改革、"三反""五反"斗争、抗美援朝战争和广泛的社会主义教育运动等政治历练，培养了一大批符合社会主义建设要求的人民公仆；在改革开放和社会主义现代化建设新时期，面对复杂多变的国内外环境，中国共产党抵抗住重重压力，开启了中国特色社会主义的伟大事业，面对百废待兴的局面和改革开放的艰巨任务，中国共产党人坚持不懈地加强党性修养，在改

## 第六章 斗争本领不是与生俱来的

革开放和现代化建设实践中得到了锻炼和成长,并在中国特色社会主义进入新时代之际,不断克服党面临的"四大考验"和"四种危险",大部分党员干部在一场场政治历练中守住了初心、承担了使命。

风云变幻看定力,沧海桑田显本色。唯有汲取我们党旗帜鲜明讲政治的宝贵经验,在未来更长的历史发展时期持续加强政治历练,克服前进道路上的种种困难,始终保持政治定力不变、党员本色不改、政治旗帜不倒,拒做政治上的"两面人",而做政治上的"明白人""老实人",方能在时代变革的惊涛骇浪中站稳脚跟、稳步向前。作为马克思主义政党,中国共产党传承了马克思主义政党讲政治的优良传统和宝贵经验,始终把党员干部的政治历练放在重要位置。政治历练是新时代以来以习近平同志为核心的党中央着重强调的一项历史命题,是中国共产党人更好地肩负起新时代新使命的应然之举,应当自觉把讲政治贯穿于党性锻炼的全过程。

加强政治历练必须坚持正确的政治方向。力量决定前途,道路决定命运。明确政治方向,关乎党和国家事业的兴衰成败。党政军民学,东西南北中,党是我国一切事务的领导力量。回溯我国革命、建设、改革的各个历史时段,中国共产党始终是带领我们取得胜利的力量之源。当前，不论是中国经济社会各领域取得的实践成就，还是近几年来抗击新冠疫情、反贫困、反腐败等斗争实践，都有力地佐证了中国共产党是全体人民群众最可靠的主心骨、定盘星，是新时代坚持和发展中国特色社会主义历史进程中坚强的领导核心。当前，把握正确的政治方向就是继续推进党领导下的中国特色社会主义事业，高举马克思主义中国化时代化的伟大旗帜，首先体现在学懂弄通做实习近平新时代中国特色社会主义思想，以党的创新理论指导中国特色社会主义实践，保证政治立场、方向、原则和道路不动摇、不走偏。坚持正确的政治方向，最直接的就是贯彻执行中国特色社会主义制度。落实到每个党员身上，就是推动中国特色社会主义制度更加成熟定型，做党中央的代言人，坚定不移地贯彻好有利于党的领导和社会主义方向的各项任务。

　　加强政治历练要经得起党面临各种现实问题的充分检验。历史背景的不同，决定了党的历史任务的不同，因而必须针对现实问题，为推动干部进行政治历练和大展拳脚搭建新的平台。中国共产党人的斗争实践，向来都不是空穴来风，而是奔着问题走、向着困难去。当前我国进入新发展阶段，党面临不同的现实问题，有没有战胜困难的决心和勇气，能不能直面和

## 第六章 斗争本领不是与生俱来的

妥善处理矛盾,能不能让人民真正得到实惠,是检验党员干部党性的根本标尺,直接体现出干部的治理能力。作为党员应当提升分析国内外局势的能力,科学分析自身存在的优势和不足,以提升政治判断力为前提,以提升政治领悟力为关键,以提升政治执行力为根本,使党的各项决策取得成效。

加强政治历练要经历党内政治生活的严格训练。党要管党,从严治党,最根本的就是要从党内政治生活管起,从党内政治生活严起。习近平总书记在党的二十大报告中指出:"创新和改进领导方式,提高党把方向、谋大局、定政策、促改革能力,调动各方面积极性。增强党内政治生活政治性、时代性、原则性、战斗性,用好批评和自我批评武器,持续净化党内政治生态。"[①] 习近平总书记的这段论述为进一步完善党内政治生活提出了要求。作为加强党的建设必不可少的事务,党内政治生活是加强政治历练、锤炼党性的熔炉,是锻造坚强的党员干部队伍、净化党内政治生态的必然要求。对此习近平总书记强调:"要自觉加强政治历练,接受严格的党内政治生活淬炼,不断提高

---

① 习近平:《高举中国特色社会主义伟大旗帜 为全面建设社会主义现代化国家而团结奋斗——在中国共产党第二十次全国代表大会上的报告》,人民出版社2022年版,第65页。

政治判断力、政治领悟力、政治执行力,使自己的政治能力同担任的工作职责相匹配。"① 务必要严肃党内政治生活,严格贯彻政治纪律,同不讲原则、不讲创新、不讲活力的政治倾向作顽强斗争,不断提升政治生活质量,从而构建良好的政治生态。

基层是加强政治历练最好的学校。对基层党员来说,最重要的履职能力就是政治能力。新时代以来,以习近平同志为核心的党中央,始终把社会治理摆在国家治理体系和治理能力现代化的重要地位,身处基层治理各领域的党员干部承担着基层社会治理的重任,是巩固政治稳定和社会稳定的"神经末梢"和"最后一公里",同样也是党员干部政治能力训练的试验场。对此,党员干部务必要严格自律,在基层训练中学习政治规矩、培养政治习惯、注意政治影响,善于把基层工作融入党和国家事业发展的大算盘、大格局,做到严谨认真、清醒明白,齐心协力完成基层社会治理的各项任务。

## 三、在实践锻炼中积累斗争经验

党的十九届六中全会审议通过的《中国共产党关

---

① 《立志做党光荣传统和优良作风的忠实传人  在新时代新征程中奋勇争先建功立业》,《人民日报》2021年3月2日。

## 第六章　斗争本领不是与生俱来的

于党的百年奋斗重大成就和历史经验的决议》将"坚持伟大斗争"作为我们党领导百年奋斗征程积累的宝贵历史经验之一,指出党和人民取得的一切成就,不是天上掉下来的,也不是别人恩赐的,而是通过不断斗争取得的,明确提出要把握新的伟大斗争的历史特点,抓住和利用好历史机遇,下好先手棋、打好主动仗,发扬斗争精神,增强斗争本领。党的二十大报告将"坚持发扬斗争精神"作为未来五年工作必须牢牢把握的重大原则,提出要全力战胜前进道路上各种困难和挑战,依靠顽强斗争打开事业发展新天地的实践要求。进入新时代以来,习近平总书记多次对广大党员、干部增强斗争本领提出明确要求。其中,实践锻炼是培养优秀党员的"练兵场",是检验合格党员实践本领的"试金石"。常言道,"宰相必起于州郡,猛将必发于卒伍",斗争水平和本领并不会随着职务升迁或者党龄的增加而得到提升,因而必须加强实践锻炼、党性历练和基层训练,补足实践不足的短板弱项。对广大党员干部而言,唯有在实践锻炼中才能提升斗争本领。广大党员唯有将实践作为最广阔的课堂,自觉在实践中心往下沉、脚向下走、劲往下使,多经历几次"摔打磨炼",多手捧几次"烫手山芋",多碰到几颗"绊脚石头",坚持在激流险滩、大是大非中练胆魄、强精神、磨意志、增才干，敢于迎难而上、挺身而出、真抓实干，才能确保在艰苦环境中突破重围、取得胜利。

第一，在实践锻炼中积累党和人民斗争的宝贵经验。回顾百年奋斗历程，中国共产党是在真刀真枪磨炼中锻造出来的。在新民主主义革命时期，在马克思主义理论旗帜指引下的中国共产党一经成立，就发扬敢于斗争的精神气魄，吸取大革命失败的教训，打响了武装反抗国民党统治的第一枪，掀起土地革命风暴，接续取得了抗日战争和解放战争的完全胜利。中国革命取得全国胜利之后，党的根本任务就是实现从落后农业国向先进工业国的转变、实现从新民主主义社会向社会主义社会的转变这两大目标。中国共产党从一个为破坏旧世界而斗争的党，转变成一个为建立新世界而斗争的党，继而取得社会主义改造的胜利，为实现国家强大而不懈奋斗。在推进改革开放和社会主义现代化新时期的具体实践中，中国共产党以敢于斗争、敢为人先的精神特质，冲破思想障碍，开辟出一条推进社会主义现代化的中国特色社会主义道路，充分彰显了中国共产党人敢于斗争的实践智慧。进入新时代，我们党继续保持敢于斗争、善于斗争的作风，开启了具有许多新的历史特点的伟大斗争，推动党和国家事业取得历史性成就、发生历史性变革。这些实践经验

## 第六章　斗争本领不是与生俱来的

是党和人民共同创造的宝贵精神财富，必须在未来五年乃至更长的时段中倍加珍惜、长期坚持，并在实践中不断丰富发展。可见，在中国共产党百年革命、建设和改革的伟大斗争实践中，党和人民在各个方面都积累了宝贵的经验。这些经验归根结底表现为两个方面：一方面是坚持中国共产党的领导和社会主义制度不动摇，这是党和人民砥砺斗争、实现价值的前提条件和内在要求，是奋进新征程中统筹斗争大局、配置斗争资源，并在关键时刻转舵领航、拨乱反正的根本支撑，也唯有中国共产党才能肩负起领导各类斗争的重任。进行伟大斗争必须坚决维护中国共产党的领导和执政地位，必须同一切破坏党中央集中统一领导的反动势力作坚决斗争，确保我们党在社会主义各项事业中保持步履一致。与此同时，社会主义制度和党的领导是相辅相成、内在统一的有机整体。在完成中国特色社会主义事业的各项任务中，发挥好社会主义制度的优越性是更好地践行斗争精神的应有之义。中国特色社会主义制度代表了最广大人民的根本利益，是实现人民美好幸福生活的重要保障，是确保全体人民集中力量办大事、和衷共济解难事、提高效率办好事、坚定不移办实事的重要条件。另一方面是坚定不移地推进马克思主义中国化时代化，为全面建设社会主义现代化事业新征程提供理论指导。一部马克思主义中国化时代化的发展史，就是一代代中国共产党人同落后、错误思想以及各种损害国家利益的行为作坚决斗争的历史。矛盾是客观存在的，处处有矛盾，时时有矛盾。要顺利实现我们的目标任务，就要客观看待我党在各个历史时段所遇到的各类矛盾。进入新时代，更要深刻总结我们党宝贵的斗争经验，通过深刻理解我们党在百年奋斗中形成的三个历史决议来深化对马克思主义中国化时代化的理论认识。

第二，在实践锻炼中掌握带领群众斗争的具体方法。治国有常，而利民为本。中国共产党经历的一切斗争实践，都是为了人民，并且都要依靠人民，取得的斗争成果都是为人民所共享。新时代以来，习近平总书记多次敲响历史周期率的警钟，多次提及"窑洞对"，指出："我们党历史这么长、规模这么大、执政这么久，如何跳出治乱兴衰的历史周期率？"[1] 回溯过往，在延安窑洞里，中国近现代爱国主义者和民主主义教育家黄炎培先生意味深长地说：一部历史，"政怠宦成"的也有，"人亡政息"的也有，"求荣取辱"的也有，总之没能跳出"其兴也勃，其亡也忽"的周期

---

[1]《习近平谈治国理政》第四卷，外文出版社2022年版，第541页。

## 第六章　斗争本领不是与生俱来的

率。针对黄炎培先生关于"历史周期率"的现实之问，毛泽东同志明确给出了答案，那就是"民主"。70余年后，以习近平同志为核心的党中央根据新时代以来的斗争实践给出了第二个答案，那就是"自我革命"。本质上而言，不论是人民监督政府还是自我革命，作为我们党跳出治乱兴衰的历史周期率的两个根本答案，二者无一不揭示了党和人民之间的血肉联系，无一不揭示了我们党团结带领广大人民群众不懈奋斗的重要作用。在实践锻炼中带领群众斗争，要求广大党员干部时刻修炼团结群众、密切群众的斗争本领，这就需要从以下几个方面着手。

其一，想人民所想，忧人民所忧，急人民所急，着力解决与人民群众密切相关的实事、难事、要事。把人民放在最高位置，不断满足人民对美好生活的期待，让老百姓过上好日子，是中国共产党全部工作的出发点和落脚点。实现这一目标不能只停留于抽象的口号，而要靠实实在在的行动。习近平总书记指出："把人民拥护不拥护、赞成不赞成、高兴不高兴、答应不答应作为衡量一切工作得失的根本标准，着力解决好人民最关心最直接最现实的利益问题。"[①] 当前人民

---

[①] 习近平:《在第十三届全国人民代表大会第一次会议上的讲话》,《人民日报》2018年3月21日。

最关心最直接最现实的利益问题大致包括：一是办好人民满意的教育，强化现代化建设人才支撑；二是增进人民福祉，完善分配制度，实施就业优先政策和就业促进政策，健全养老、医疗、社保、救助、住房等社会保障机制；三是提高全民健康水平，维护人民健康权益。

其二，将组织群众力量、凝聚群众意志作为中国共产党取得胜利的重要法宝。无产阶级革命家列宁曾强调："把千百万劳动群众组织起来，这是革命最有利的条件，这是革命取得胜利的最深的泉源。"[1] 列宁领导下的无产阶级革命运动的成功经验充分说明了一个真理，那就是忽视人民群众利益的政党必然被推翻和沦于失败。苏联亡党亡国的历史同样也给予世人深刻的教训，正是党的领导地位的动摇、个人专权和严重脱离群众，才使得广大人民群众的根本利益没有得到保障，进而使得苏联共产党逐步失去了执政根基。中国共产党吸取了列宁领导无产阶级运动的宝贵经验和苏联亡党亡国的惨痛教训，重视群众组织力量，同人民命运与共，并将此转化为中国共产党鲜明的政治优势。通过团结、组织、发动群众，中国共产党在土地

---

[1] 《列宁全集》第三十六卷，人民出版社2017年版，第69页。

## 第六章 斗争本领不是与生俱来的

革命时期依靠群众壮大地方党组织力量，将广大人民群众凝聚成抗日民族统一战线，成为抗日战争的中流砥柱，在解放战争时期团结一切可以团结的力量，最终扭转了敌我悬殊的局面，进而取得了战争的最后胜利。在社会主义革命和建设时期，中国共产党也正是依靠人民群众这一支生力军才得以在较短时间内打下了良好的生产力和制度基础。改革开放以来，党继续带领人民团结奋斗，取得了改革发展富起来的斐然成就。进入新时代，中国共产党确立"以人民为中心"的发展思想，将人民群众对美好生活的向往作为党的奋斗目标。百年来，我们党关于组织和发动群众的认识和经验不断深化，未来要继续保持自身的生命力和战斗力，依然要相信群众，依靠群众，与人民群众同甘共苦。

其三，用妥善方式协调群众关系、化解群众矛盾。辩证唯物主义是中国共产党人的世界观和方法论，结合我国新时代新征程的实际和条件，用辩证唯物主义世界观和方法论来指导我国斗争实践，就应当学习掌握事物矛盾运动的基本原理，积极应对、化解新征程前进道路中的矛盾与挑战。在现实群众工作中，不少党员干部对于矛盾熟视无睹、畏惧不前，或者推脱掩饰、慵懒懈怠。这么做最后极有可能酿成"千丈之堤，以蝼蚁之穴溃；百尺之室，以突隙之烟焚"的悲剧。我们应时刻准备进行具有许多新的历史特点的伟大斗争，着力解决人民群众急难愁盼的突出问题和矛盾纷争，增强践行群众路线的责任感、紧迫感，尽快补齐当前依旧严峻的反腐败斗争、意识形态斗争等各类斗争的群众工作短板，在化解群众内部矛盾的过程中深入践行党的群众路线。

第三，在实践锻炼中把握新时代新斗争的历史主动。党的百年实践充分证明，新时代要继续取得斗争胜利，团结带领全国人民迈上全面建设社会主义现代化国家新征程、全面推进中华民族伟大复兴，就必须以高度的实践自觉、高昂的精神状态投入到新时代伟大斗争中去。掌握历史主动是马克思主义政党应当具备的革命品格和精神状态。进行伟大斗争、发扬斗争精神，必须保持迎难而上、锐意进取的斗争姿态，以顽强斗争开启社会主义现代化事业发展的崭新篇章。

开展伟大斗争就是开展伟大实践。进行伟大斗争不能简单理解为一句口号，而是要付诸实际行动。一百余年前，在共产主义理想的召唤下，十几个有识之士会聚在嘉兴南湖红船上，成立了中国共产党。从此以后，中华民族的命运迎来了崭新的篇章。百年交汇，千年梦圆。在中华民族开启新征程的高光时刻，中国

## 第六章　斗争本领不是与生俱来的

人民从来没有像今天一样意气风发、斗志昂扬。党的二十大报告着眼于新时代中国特色社会主义事业的长远发展,回顾了过去五年的工作和新时代十年的伟大变革,并擘画了未来五年甚至更长一段时期中国发展的新图景,郑重提出中国共产党当前的中心任务,并对中国式现代化下了最新界定,指出中国式现代化的本质要求,接着进一步明确了中国共产党实现现代化任务的主要方略,既清晰确定了战略思路,又全面部署了目标任务,对经济、科教、政治、法治、文化、民生、生态、安全、国防、"一国两制"、外交和从严治党共计十二个方面作出详细安排,列出实践清单。复兴伟业谋新篇,接续斗争拓新局。中国式现代化道路是中国共产党人独立自主奋斗开创的,未来也要继续保持高度的实践自觉,在长期斗争基础上取得创新成果。

开展伟大斗争必须进行伟大革命。勇于以自我革命推动社会革命的执政党,就拥有战无不胜的无穷力量。习近平总书记指出:"勇于自我革命,是我们党最鲜明的品格,也是我们党最大的优势。"[①] 过去,党带领人民夺取了新民主主义革命、社会主义革命的伟大

---

[①] 《以解决突出问题为突破口和主抓手　推动党的十八届六中全会精神落到实处》,《人民日报》2017年2月14日。

胜利，并成功领导了改革开放的"第二次革命"。要把改革开放这场革命进行到底，就必须发扬大无畏的斗争精神。要实现社会革命，就必须旗帜鲜明地进行党的自我革命。作为无产阶级领导的马克思主义政党，我们党必须增强"四个意识"，时刻警惕"七个有之"的政治隐患，坚决破除官僚主义、形式主义等错误倾向的荼毒，以彻底的自我革命精神、以刀刃向内的意志、以巨大的政治勇气守住初心、担起使命，消除我们党长期执政当中存在的各种弱化、损害党的先进性和纯洁性的不利因素，持之以恒地同自身存在的各种问题作斗争，始终坚守中国特色社会主义的正确方向，不断取得全面从严治党战略成果。

## 四、在专业训练中提高能力水平

练就过硬斗争本领，不仅要加强思想淬炼、政治历练和实践锻炼，还要结合时代发展和中国发展实际，不断推进党员干部的专业训练。党员教育中，专业训练是必不可少的，唯有将热爱人民、心系群众、爱岗敬业的赤诚情怀融入到服务群众的具体业务中，中国共产党才能积淀丰富的执政经验，不断提升党政领导干部群体处理各方面实际事务、抵御风险和应对危机

## 第六章　斗争本领不是与生俱来的

的能力。在中共中央党校（国家行政学院）中青年干部培训班开班式上，习近平总书记发表重要讲话，强调："我们要在危机中育先机、于变局中开新局，干部特别是年轻干部要提高政治能力、调查研究能力、科学决策能力、改革攻坚能力、应急处突能力、群众工作能力、抓落实能力，勇于直面问题，想干事、能干事、干成事，不断解决问题、破解难题。"① 习近平总书记所提及的这七种能力是当下党员干部必须掌握的能力。其中，政治能力是第一位的，是其他一切能力的前提基础，代表着党员干部干好一切业务工作的政治方向，是检验和衡量一名党员的政治能力是否过硬的重要标准和重要标志。在日常业务中，要以政治能力作为统领其他业务能力的定海神针，不断加强另外几种能力的训练。

提升调查研究能力。促进领导干部干实事、谋实招、求实效，需要广大党员干部继承发扬调查研究这一党的光荣传统和优良作风。中国共产党一贯重视调查能力，并在党员培养考察中把这项能力视作衡量党员综合能力的一项重要指标和基本功，是发现群众期盼、分析时代问题和破解发展难题的治本之策。可以

---

① 《年轻干部要提高解决实际问题能力　想干事能干事干成事》，《人民日报》2020年10月11日。

说，中国共产党的历史也是依靠调查研究铺就的历史。革命时期，中国共产党人在调查研究中探索出由毛泽东同志领导的"农村包围城市"的正确道路。新中国成立后，为解决如何发展生产并制定出符合实际的政策的问题，中国共产党人通过调查研究，适当调整土地政策，进一步完善民族工作，了解基层社会发展实情和保障科学民主决策。改革开放后，中国共产党人以实事求是为工作路线，以实践作为制定和检验政策科学性的标准，继续发扬调查研究的优良传统，启动出台改革开放基本国策，组织18个调研小组先后到22个省市及有关部委进行调查研究，以推动新世纪党建工作的总体设计和布局，擘画科学发展蓝图。新时代以来，以习近平同志为核心的党中央继续发扬调查研究工作方法，将其作为解决社会不平衡不充分发展问题与提高党的执政能力的有效途径和题中应有之义，进一步创新了中国共产党调查研究体系，不断增强调查研究的专业性、科学性。围绕这一工作方法，习近平总书记发表一系列重要讲话，明确提出要在全党大兴调查研究之风，其中涵盖调查的目的、重点和路径等理论与实践问题。基于此，大力提升党员干部调查研究能力，练就从表象中发现本质的洞察能力，练就总结经验、寻找规律的思辨能力，练就良好的群众沟

## 第六章　斗争本领不是与生俱来的

通能力,是涵养斗争本领的重要内容。习近平总书记曾强调:"对过去蹲点调查、'解剖麻雀'等方法,要学习、要弘扬,同时又要不断改进方法和手段。"① 这句话指明了调查研究方法需具备严谨科学的态度和行之有效的方式手段。因此,在实践中既要"解剖麻雀",系统总结事物的基本规律,又要"点面结合",掌握调查研究的科学步骤,还要"与时俱进",创新斗争方式方法,同时要"落地生根",将调查成果投入现实生活。我们应遵循这一路向,将党的调查传统继续发扬光大。

提升科学决策能力。科学决策是我们党科学执政、政府科学行政的前提基础。唯有掌握科学决策能力,我们党才能看得远、顾全局、定基调。中国共产党百年来所作的每一项决策,都体现了对未来道路的选择。中国革命、建设和改革的成功与失败,都与是否科学决策有直接关系,因而唯有作出科学的决策,方能指引我们党朝着正确的方向前进。百年来,正是因为着眼中国国情、重视科学决策,我们党才能在各个历史时期沉着应对复杂环境条件,接二连三取得历史性成就。当前,面对风高浪急的国际环境和艰巨繁重的国

---

① 习近平:《之江新语》,浙江人民出版社2007年版,第166页。

内改革发展稳定任务，更需要合理科学和当机立断的决策。一方面，突破"重经验，轻事实"的主观偏见，为科学决策提供行动依据。前文提到，提升调查研究能力是党员干部的"基本功"，调查研究归根结底是为了科学决策而服务的，决策制定得当就能利国利民，制定失当则会害国害民。因此，在制定决策的时候，要以事实为根本依据，摆事实、讲道理，切忌自说自话、无病呻吟。强化决策的科学性和准确性，制定决策时深入调研、科学研判，做到知根知底，努力成为各自领域的"活字典""万事通""内行家"。另一方面，练就"随机应变，灵活决策"的本领，提高化解非常规风险的能力，进而在任何时期都保持从容不迫。习近平总书记曾强调："防范化解重大风险，是各级党委、政府和领导干部的政治职责。"① 疫情之下，以疫情应对为代表的社会治理工作成为检验我们党决策能力和防范化解重大风险能力的"试金石"，务必要以高度的责任意识、自觉的担当精神，勇于试错、敢于拍板，及时妥善处理重大事件。在灵活决策基础上，更加自觉地拥护和完善党中央重大决策部署落实机制，继续坚持民主科学的决策作风，经过反复论证研究、

---

① 《提高防控能力着力防范化解重大风险　保持经济持续健康发展社会大局稳定》，《人民日报》2019年1月22日。

## 第六章　斗争本领不是与生俱来的

多方听取意见，进而提出可行性方案。

提升改革攻坚能力。在业务训练中坚持问题导向，强弱项、补短板，提升工作能力。当前我国改革正处于攻坚期、深水区，社会利益主体呈现出发展多元化特征，各种社会矛盾凸显，能否坚定信心、攻坚克难，确保改革措施正常推行，事关经济社会大局是否稳定和人民生活能否长治久安。因此，发扬斗争精神、练就斗争本领，就要努力提升改革攻坚的能力，掌握改革发展稳定的辩证法，奋力将中国特色社会主义现代化建设推向前进。当前是全面深化改革的关键时期，虽然经过改革开放的不懈努力，我国创造了经济快速发展的奇迹，虽然改革在一定程度上呈现出范围更大、领域更多的新的历史特征，但在某些关键性领域仍然不可小觑，其艰巨复杂程度丝毫不亚于40多年前。新时代以来，以习近平同志为代表的中国共产党人高举改革开放旗帜，以巨大的政治勇气和政治智慧，以卓越的全局观念、辩证思维和系统思维，谋篇布局、锐意改革，力度之大、领域之广、数量之多，世所罕见。党的十九大之前，习近平总书记主持召开中央全面深化改革委员会会议共计38次，基本确立了主要领域改革的基本框架。十九大以来，从2018年1月到2022年9月，中央深改组召开了27次会议，持续深入推进改革,接续攻克了一个个改革瓶颈,啃下了一个个难啃的硬骨头,取得历史性成就,发生历史性变革,尤其在深化事业单位改革、完善行政执法制度和严格规范公正文明执法等重点领域取得突破性进展。比认识和方法更重要的是决心和担当,当前正值贯彻落实党的二十大精神开局之年,要打好新的时代条件下改革发展稳定的硬仗,需要进一步巩固和加强改革攻坚能力,以"咬定青山不放松"的责任担当和决心勇气,着力解决我国当前政治经济发展的难点、痛点和堵点,坚持问题导向,牢牢把握实践主动权,突出重点、因地制宜、稳字当头、稳中求进,做到脑子里有思路、眼睛里有问题、手上有招数、脚下有路子。

　　提升应急处突能力。这要求在业务训练中稳定心理预期,强化防风险、迎挑战、抗打压能力。从人类历史来看,突发事件始终伴随人类社会发展的总体进程。应急处突能力是防范重大风险、保护人民群众生命财产安全、维护社会和谐稳定的重要能力,维系着整个社会的平稳运行,是国家治理体系和治理能力的重要组成部分。当前,我国正处于战略机遇和风险挑战并存的历史时期,发展势头越壮大,面临的阻力也就越大,尤其是各种不确定、难预料的现象时有发生。预判风险所在是防范化解重大风险的前提,而把握风

## 第六章　斗争本领不是与生俱来的

险走向是新时代谋求战略主动的关键一招。今天，面临波诡云谲的国际形势和复杂多变的周边环境，必须理性认识、科学研判，既要认识到国际上不确定因素众多，贫富分化严重、地区热点问题此起彼伏、恐怖主义泛滥等非传统安全威胁持续蔓延的现实境遇，又要意识到我国经济基础尚不牢固、政治改革任务艰巨、思想文化风险始终存在等复杂问题。对此，一方面，必须在常观大势、常思大局中增强风险意识，以充沛顽强的斗争精神和斗争胆识，利用技术手段科学预判风险，推进网络化、全民化，提升预测风险的能力，进而有效掌控局势、化危为机。例如，在党和国家的大力推动下，我国地震预警技术已经处于世界领先水平，成为全球范围内继墨西哥、日本后第三个具有地震预警服务的国家。另一方面，还要提升应急处突能力，完善应急处突体制机制。作为拥有960多万平方公里国土和14亿多人口的后发型大国，我国必须不断完善应急处突能力，发挥中国特色社会主义制度优势，推动基层网络融入社会治理，构建立体化应急处突机制，在抢险救灾、疫情防控等方面发挥效能。

提升群众工作能力。从群众中来、到群众中去，是每一个党员领导干部的必修课。群众工作的能力是衡量党员尤其是领导干部政治上是否合格、思想上是否先进、工作上是否称职的基本标准。马克思、恩格斯明确强调："过去的一切运动都是少数人的，或者为少数人谋利益的运动。无产阶级的运动是绝大多数人的，为绝大多数人谋利益的独立的运动。"① 新时代提升群众工作的能力，一要密切联系群众，坚持党的群众路线不动摇；二要紧紧依靠群众，坚持人民群众创造历史；三要教育引导群众，提高人民群众思想觉悟。除此之外，提升群众工作能力还要创新群众工作方法，运用互联网加强党的建设。随着信息社会的不断发展，网络群众路线是当前群众路线新的实践样态，促进多媒体、大数据、5G、人工智能等信息技术与群众工作深度融合，是推动群众工作高质量发展、确保党的群众路线与时俱进的必然抉择。根据中国互联网络信息中心（CNNIC）的第50次《中国互联网络发展状况统计报告》，截至2022年6月，我国网民规模为10.51亿，互联网普及率达74.4%，互联网的便捷性、即时性、交互性特征给群众工作带来了难得的机遇。对此，应当借助新兴科技手段推动技术创新、平台载体创新、工作方法创新和工作思路创新，切实走好网络群众路线。

---

① 《马克思恩格斯文集》第二卷，人民出版社2009年版，第42页。

## 第六章　斗争本领不是与生俱来的

提升抓落实能力。政策执行难是一个长期困扰基层治理实践的难点、堵点问题,同样也是基层政策实务的重要议题。如果不沉下心来紧抓落实,即便是再宏伟的目标、再完美的蓝图、再先进的班子,也只能停留于纸面,成为镜中花、水中月。提升抓落实能力是广大党员干部的立身之本,是将一系列方针政策转化为实实在在的政绩的根本前提。2020年10月10日,在中共中央党校(国家行政学院)中青年干部培训班开班式上,习近平总书记发表重要讲话,强调:"干事业不能做样子,必须脚踏实地,抓工作落实要以上率下、真抓实干。干事业就要有钉钉子精神,抓铁有痕、踏石留印,稳扎稳打向前走,过了一山再登一峰,跨过一沟再越一壑,不断通过化解难题开创工作新局面。"[1] 办好中国的事情,关键在党;落实每一件事情,关键在人。提升紧抓落实能力是一项组织性行为,是一个从上至下、一环套一环、一层接一层的系统性工程。政策能否落实生效,转为实实在在的人民福祉,关键看党员领导干部。在实际工作中,要强化领导责任,率先垂范,带领人民群众做好样子、定好盘子、理清路子、开好方子,既要站得高、望得远,又要行

---

[1] 《年轻干部要提高解决实际问题能力　想干事能干事干成事》,《人民日报》2020年10月11日。

得稳、落得实。

紧抓落实既要有"想抓"的决心，还要有"善抓"的方法，方法不当，就罔谈落实。面对百年未有之大变局的历史大势，务必在精神斗志上做足，在身体力行上做实，在体制机制上做稳。在精神斗志上做足，就是要发扬钉钉子精神，聚焦、聚神，不断统一思想、统一行动。2022年12月6日举行的中央经济工作会议部署了未来经济工作的发展任务，强调要在落实各产业目标任务中锻造新的产业竞争优势、在夯实民生中落实就业优先政策、在吸引利用外资工作中落实外资企业国民待遇、在统筹疫情防控和经济社会发展中落实新阶段疫情防控各项举措等治国理政的方方面面，做到紧之又紧、细之又细、实之又实。在身体力行上做实，就是要通过实际行动带头落实党的方针政策，既要"挂帅"，又要"出征"，在其位、干其事、守其责。在体制机制上做稳，就是要建立科学管用的落实机制，不断完善目标责任制度、带头学习制度、激励考核制度、监督管理制度等体制机制，为进行具有许多新的历史特点的伟大斗争奠定坚实的制度保障。

# 第七章　做敢于斗争、善于斗争的战士

## 一、在大是大非面前敢于亮剑

两千多年前，亚圣孟子曾说"无是非之心，非人也"（《孟子·公孙丑上》），将是非观念作为人之所以为人的基本要件，并将是非之心看作"四德"（即仁、义、礼、智）中的"智德"。孟子所说的"是非"，不仅指知识层面的认识，更含有道德判断、价值取向的意味。时光流转，在中国特色社会主义新时代，党员干部作为人民群众的表率，作为社会主义建设事业的中坚力量，更应当树立正确的是非观。我们党所强调的大是大非问题，是指关涉到党和国家事业发展的根本性、全局性的重大问题，在大是大非面前敢于亮出态度是每一个党员干部勇于担当、善于斗争的基本前提。

（一）厘清"是"与"非"

是非问题是一个兼具知识性和道德性的概念。辨明是非、把握方向是开展斗争的先决条件，判断是非的标准不同，斗争的方向也会随之变化。是非判断是在个人主观世界完成的，但要以客观的判断标准为根本遵循。

从知识性的层面来看，要树立正确的是非观，作出正确的是非判断，须掌握科学的思想方法——实事求是。毛泽东同志在《改造我们的学习》中对实事求是作了马克思主义的科学概括："实事"就是客观存在着的一切事物，"是"就是客观事物的内部联系，即规律性，"求"就是我们去研究。从实际出发、经过实践检验所得出的判断是正确的判断，基于正确的判断，选择"是"的一方，便是获得了真知，坚持了真理；对于被实践证明为"非"的一方，我们就坚决反对。这是厘清"是"与"非"的第一个标准。

从道德性的层面来看，要作出正确的价值判断，则要看该行为是否符合最广大人民群众的根本利益，是否符合社会历史的发展趋势。马克思和恩格斯在《共产党宣言》中揭示了无产阶级的运动是绝大多数人的、为绝大多数人谋利益的独立的运动。在当代中国，实现共产主义的必由之路就是在中国共产党的领导下，坚持把中国特色社会主义这篇大文章续写下去。邓小平同志曾说，人民拥护不拥护、赞成不赞成、高兴不

## 第七章 做敢于斗争、善于斗争的战士

高兴、答应不答应,是全党想事情、做工作对不对和好不好的基本尺度。这一论断阐明了厘清"是"与"非"的第二个标准。

在当代中国,最根本的大是大非问题是什么呢?早在2009年,习近平同志就在中央党校(国家行政学院)秋季学期第二批进修班开学典礼上的讲话中强调,党员干部要划清四个重大是非界限,即"马克思主义同反马克思主义的界限,社会主义公有制为主体、多种所有制经济共同发展的基本经济制度同私有化和单一公有制的界限,中国特色社会主义民主同西方资本主义民主的界限,社会主义思想文化同封建主义、资本主义腐朽思想文化的界限"①。十年后,在2019年秋季学期中央党校(国家行政学院)中青年干部培训班开班式上讲话时,习近平总书记再次强调,"共产党人的斗争是有方向、有立场、有原则的,大方向就是坚持中国共产党领导和我国社会主义制度不动摇"②。

### (二)百年党史是一部辨明是非的历史

百余年来,中国共产党在辨明大是大非的斗争中

---

① 习近平:《关于建设马克思主义学习型政党的几点学习体会和认识——在中央党校2009年秋季学期第二批进修班开学典礼上的讲话》,《今日中国论坛》2009年第Z3期。

② 《习近平谈治国理政》第三卷,外文出版社2017年版,第226页。

激荡前进。新民主主义革命时期的大是大非之辨从农村中心论与城市中心论之争开始。这一时期，许多中国共产党人在革命中还是个"小孩子"。苏联"老大哥"是他们的标杆，能够将马恩经典倒背如流的王明等"优等生"是他们的榜样，在俄国十月革命中成功应用的"城市中心起义"是他们发起革命的不二之选。然而，自中国共产党独立领导革命起，南昌起义、秋收起义、广州起义以及大大小小近百次以城市为中心发动的武装起义接连失败，反而是毛泽东同志"擅作主张"引兵井冈山建立的农村革命根据地闯出了名堂，为中国革命打开了新的道路。这是一场中国实际与马列"真经"的斗争，一场辨明是非、决定革命道路的斗争。在这场斗争中，毛泽东同志一度被边缘化、受排挤、不被人理解，但为了实现革命伟业，他不厌其烦地与其他同志讲述他的看法与革命经验，用一次次实践成果逐步取得了中央的认可，终于在遵义会议上确立了实事求是的正确思想路线在党内的领导地位。1938年召开的党的六届六中全会明确指出，共产党的任务"不是先占城市后取乡村，而是走相反的道路"。至此，孰是孰非的问题在十几年的斗争中逐渐明晰。"农村包围城市，武装夺取政权"的道路经过了实践的检验，取得了广大群众的支持，符合历史发展的规律，

## 第七章 做敢于斗争、善于斗争的战士

是新民主主义革命中的"大是";与此相违背的、无视客观实际的、不利于革命任务实现的各种"左"倾思想,是新民主主义革命中的"大非"。

新中国成立后,通过"一化三改"的过渡时期总路线,我们在中华大地上确立了社会主义制度,实现了历史上最为伟大深刻的社会变革。实践证明,社会主义改造与社会主义工业化建设二者同时进行、逐步过渡、用和平的方法进行革命是成功的,不仅没有发生巨大的社会动荡,反而促进了经济发展,得到了群众拥护。这一时期,支持"一化三改"的总路线就是"大是",敌视和破坏社会主义建设的言论和行为就是"大非"。党的八大对于社会主要矛盾与任务作出了实事求是的科学判断,但由于对中国社会实际的认识不足、建设社会主义的经验不足等原因,八大的正确判断没有能够得到坚持,党在建设社会主义的道路上发生了曲折。在"左"倾错误思想指导下,国家和人民在经济上遭到了重大损失,在政治和文化上经历了"文化大革命"。造成这种局面的根本原因就在于混淆了是非,脱离了实事求是的思想路线,违背了社会主义要大力解放和发展生产力的重要原则,给党和国家带来了深重灾难。刘少奇、周恩来、邓小平等同志在大是大非的斗争中,仍然能够坚持实事求是的马克思

主义正确路线，坚定为最广大人民群众斗争的共产主义信仰，是伟大的马克思主义者。

党的十一届三中全会重新确立起解放思想、实事求是的思想路线，作出了实行改革开放的伟大决策，开启了新的篇章。实事求是就是从我国正处于并将长期处于社会主义初级阶段出发，据此制定初级阶段的基本路线，党的一切决策与实践都要服务于这个基本路线。改革开放的新事业在摸索中前进，束缚生产力发展的体制不断被改变，但四项基本原则始终是不可撼动的铁规矩。实践证明，改革开放是党和人民大踏步赶上时代的重要法宝，坚持改革开放、坚持四项基本原则是中国共产党人必须捍卫的"大是"。公开反对中国共产党领导、宣扬美化资产阶级民主人权、与外部势力勾结策划谋反等反四项基本原则、不利于社会主义现代化建设的言行，是中国共产党要坚决反对的"大非"。

百年来的实践证明，当我们党在大是大非问题上能够作出实事求是、符合群众根本利益和历史发展趋势的正确判断时，党和国家的事业发展就会蒸蒸日上；否则党和国家的事业就会日趋衰败、陷入混乱，民族复兴的历史进程就会受到阻碍、陷入停滞。百余载风雨兼程，中国共产党人在大是大非的斗争中积累了丰富经验，但在新时代新征程中也面临着新挑战。党的二十大指出，从现在起，中国共产党的中心任务就是团结带领全国各族人民全面建成社会主义现代化强国，实现第二个百年奋斗目标，以中国式现代化全面推进中华民族伟大复兴。可见，新征程上坚持党的领导和社会主义道路、推进中华民族伟大复兴是符合时代发展要求、符合人民群众期待的"大是"，我们要坚决维护；抹黑党的领导、曲解中国特色社会主义道路、阻碍民族复兴伟业则是"大非"，我们要与之作彻底斗争。

（三）勇于亮剑，敢于亮剑

疾风知劲草，烈火见真金。中国共产党人的斗争不能停留在口头上，而要落实到实践中。我们之所以坚定，是因为我们追求的是真理，遵循的是规律，代表的是最广大人民群众的根本利益。

不能态度暧昧，而要铸牢马克思主义信仰之剑。态度是一种心理倾向，与人的行为倾向相互作用。"所谓暧昧，一是不明朗，二是不光明。"① 在大是大非面前态度暧昧，实质上是粉饰矛盾，象征着妥协、软弱，

---

① 罗旭：《大是大非面前不容态度暧昧——访中央党史研究室主任曲青山》，《光明日报》2016年12月13日。

意味着更容易被动摇、被诱惑。而人的态度由信念支撑，直接受信念的指导，态度暧昧反映的是信念模糊，在大是大非面前态度暧昧，究其根源是对马克思主义理想信念的缺失。思想上松一寸，行动上就会散一尺。一代代共产党人之所以能够在大是大非面前敢于亮剑，在惊涛骇浪中勇毅前行，靠的就是对马克思主义的信仰、对社会主义和共产主义事业的信念，这是共产党人不可动摇的精神支柱。暧昧无法解决矛盾，在重大政治抉择中必须以马克思主义信仰之剑抵制各种反党反社会主义的错误主张，信念坚定地捍卫中国共产党的领导，捍卫来之不易的中国特色社会主义事业。

不能动摇基本政治立场，而要砺就人民立场之剑。立场透视着个体看世界的角度，不同立场的人持有不同的观点。无产阶级政党是"为绝大多数人谋利益"的政党，中国共产党以人民立场为自己的根本政治立场，没有自己的特殊利益。一旦人民立场动摇，撼动的是人民利益，滋长的是私心贪欲。"一念发动处便是行"，立场摇摆就会为权力、金钱、美色等万千诱惑提供可乘之机，为满足私欲就要搞团团伙伙、拉帮结派，最终难免坠入堕落深渊。习近平总书记反复强调，中国共产党从来不代表任何利益集团、任何权势

## 第七章 做敢于斗争、善于斗争的战士

团体、任何特权阶层的利益,不谋私利才能谋根本、谋大利。打江山、守江山,守的是人民的心。在个人私欲与人民大义的拉锯战中,要以人民立场之剑斩断私心杂念、不正之风,旗帜鲜明地站稳人民立场、捍卫人民利益。

不能被错误言论所左右,而要亮出实事求是之剑。言论自由是公民的基本权利,但自由是有限度的,言论自由的边界就是我国的宪法和法律。信息技术的发展为主流意识形态主导话语权提供了新的传播渠道,亦给错误言论的蔓延提供了灰色空间。流言兴于愚者,起于谋者。面对形形色色的言论、道听途说的故事,党员干部不可听风就是雨、被牵着鼻子走,要保持政治定力,培养独立思考的能力,提高辨别信息真伪的能力;亦不可做"沉默的大多数"、没有原则的老好人,面对丑化党和国家领导人形象、消解主流意识形态等重大原则性问题,要保持政治警觉,练就政治上的火眼金睛,与敌对势力作坚决斗争。流言止于智者。实事求是是中国共产党百年辉煌的制胜法宝,亦是我们击破谣言的硬核利器。在与错误言论的交锋中,要以实事求是的真理之剑破除流言蜚语,站在真理的一边,坚持做真事、说真话、做真人。

## 二、在矛盾冲突面前敢于迎难而上

"以子之矛,攻子之盾,何如?"这句话出自《韩非子》中大家耳熟能详的故事"自相矛盾",这个故事告诉我们,说话做事要实事求是,看似相互对立的双方实际上也相互联系、相互制约。故事中的"矛"与"盾"原为古代的两种兵器,经过千年演变,"矛盾"一词在生活中常被用于形容人内心纠结或人与人之间有隔阂,往往带有负面的含义;但在哲学语境中,"矛盾"则意味着对立统一,是事物发展的根本规律,并衍生出了矛盾分析方法,成为我们认识社会、改造世界的工具,更是中国共产党人解决社会问题、推动社会发展的重要思想武器。

(一)矛盾与辩证法

若要在矛盾冲突中迎难而上、破解矛盾、化解冲突,首先必须对矛盾的概念及其辩证法思想有所了解。

矛盾中所蕴含的辩证法思想可以追溯到德国古典哲学的集大成者——黑格尔。他在阐释"绝对精神"的发展时运用了丰富的辩证法思想,他指出"同一、差别和对立之过渡为矛盾,正像它们之过渡为它们的

第七章 做敢于斗争、善于斗争的战士

真理一样"①。马克思认为辩证法是黑格尔哲学中最为智慧宝贵之处,但黑格尔的辩证法是建立在唯心主义基础之上的,是头脚倒立的,"必须把它倒过来"。恩格斯在《自然辩证法》中对黑格尔辩证法的唯心主义形式进行了改造,明确"辩证法的规律是从自然界的历史和人类社会的历史中抽象出来的"②,并将其归结为三大规律,即量变质变规律、对立统一规律、否定之否定规律。列宁在《谈谈辩证法问题》开篇指出,"统一物之分为两个部分以及对它的矛盾着的部分的认识……,是辩证法的实质"③,将矛盾的地位进一步提升。20世纪20年代,随着列宁的著作在中国的翻译与传播,"矛盾"一词逐渐从日常生活用语发展成政治话语,几乎成为辩证法的同义词。毛泽东同志在继承前人的基础上,结合自身参与中国革命的丰富实践经验,对"矛盾"作了集中系统的阐发,特别强调"事物的矛盾法则,即对立统一的法则,是唯物辩证法的最根本的法则"④,确定了矛盾法则在辩证法中的核心地位,其著作《矛盾论》是马克思主义矛盾观中国化过程中的里程碑。

---

① 黑格尔:《逻辑学》下卷,杨一之译,商务印书馆1976年版,第65页。
② 《马克思恩格斯文集》第九卷,人民出版社2009年版,第463页。
③ 《列宁选集》第二卷,人民出版社2012年版,第556页。
④ 《毛泽东选集》第一卷,人民出版社1991年版,第299页。

"矛""盾"二字在传统话语中常见于"自相矛盾""矛盾相向"等成语中，语义侧重对立；但"矛盾"一词所蕴含的辩证思想，在中国传统文化中俯拾即是，精神核心侧重同一，这为唯物辩证法在中国的传播提供了天然且深厚的文化土壤。郭沫若于1928年发表的《〈周易〉时代的社会生活》被看作用唯物辩证法思想研究《周易》等"国学"的开山之作，文中直言《周易》的出发点原是一种辩证观。"《易》有太极，是生两仪，两仪生四象，四象生八卦"（《周易·系辞上》）就是中国式的宇宙生成模式，太极所生出的阴阳"两仪"是世间万物固有的属性，阴阳对立统一、演运万物，即"一阴一阳谓之道"。老子在《道德经》中揭示"道生一，一生二，二生三，三生万物。万物负阴而抱阳，冲气以为和"，并将阴阳对立统一的概念贯穿全文，组成了一系列矛盾关系，如有无、善恶、刚柔、高下、否泰、胜败等朴素辩证概念。《周易》与《道德经》都落脚阴阳，都认为事物存在着相互对立的两个方面，对立面间相互作用推动事物变化发展，这与马克思主义辩证法的观点不谋而合。基于一分为二的矛盾观点，传统文化中还有许多辩证智慧，比如"祸福相依""居安思危""月满则亏"等成语渗透着矛盾双方相互转化的思想；"邯郸学步""东施效犟"等寓言故事启示着矛盾具有特殊性,要具体问题具体分析;"射人先射马,擒贼先擒王""牵牛鼻子""打蛇打七寸"等俗语体现着解决问题要抓关键、抓主要矛盾。

(二)新征程具有许多新的历史特点的矛盾斗争

无论是恩格斯所说"辩证法的规律",还是老子所说"万物负阴而抱阳",都强调矛盾的客观性,矛盾存在于一切事物发展过程的始终。因此,我们必须承认矛盾,并且发挥主观能动性利用矛盾,善用矛盾的观点、矛盾分析的方法观察世界、解决问题,以推动事物发展。但一代人有一代人的长征,矛盾冲突会随着时空流转而变化发展。要破解矛盾、化解冲突,须对事物作具体的历史的分析。正如毛泽东同志在《矛盾论》中所强调的,"马克思主义的活的灵魂,就在于具体地分析具体的情况"[①]。

社会是在矛盾运动中前进的,党的事业也是在矛盾斗争中开拓的。新民主主义革命时期,为了解决帝国主义和中华民族的矛盾、封建主义和人民大众的矛盾,推翻"三座大山"的残暴镇压,人民必须武装起来,矛盾冲突呈现为枪林弹雨、烽火连天的战场交锋。

---

① 《毛泽东选集》第一卷,人民出版社1991年版,第187页。

社会主义革命与建设时期，面对美帝国主义的挑衅，人民志愿军跨过鸭绿江，"打得一拳开，免得百拳来"；通过"一化三改"在一清二白、千疮百孔的中华大地上开启了建设社会主义的新事业。改革开放和社会主义现代化建设新时期，和平与发展成为时代主旋律，新一代中国共产党人果断抓住机遇、顺势而为，破除禁锢、大胆创新，通过改革开放使中国大踏步赶上了时代。

如今，中国特色社会主义进入了新时代。此时的矛盾斗争既不同于革命战争时期战场上的战火交锋，也不同于改革开放初期"摸着石头过河"的开拓摸索，而是在全面建设社会主义现代化国家迈上新征程的新历史起点上所进行的矛盾斗争，是在中华民族伟大复兴的战略全局和世界百年未有之大变局中开展的矛盾斗争，其复杂性、艰巨性前所未有。新征程上，我们要继续同影响党长期执政、国家长治久安、人民幸福安康的突出矛盾和问题作坚决斗争。

从中华民族伟大复兴的战略全局来看，人民日益增长的美好生活需要和不平衡不充分的发展之间的矛盾主导着新时代中国社会发展的方方面面。我们要更加自觉地坚持以推动高质量发展为主题，提高供给质量，缩小城乡居民收入差距，促进城乡融合发展，畅

## 第七章　做敢于斗争、善于斗争的战士

通向上流通渠道,优先解决群众急难愁盼的问题,不断满足人民美好生活需要,扎实推进共同富裕;我们要更加自觉地坚持推进改革开放,以改革推动矛盾发展、释放社会活力,下大力气啃硬骨头,不断破除阻碍社会发展的体制机制障碍、破除利益固化的藩篱,以推进国家治理体系和治理能力现代化为目标,实现由"中国之制"向"中国之治"的转变。

从世界百年未有之大变局来看,国际格局和体系正面临着前所未有的深刻变化,中国是变局中的重要推动力量。但老牌资本主义国家绝不会坦然接受我们正在崛起的趋势和事实,随着我国综合实力的增强,我们外部所承受的阻力、面临的挑战也将成倍增长。逆全球化浪潮、贸易保护主义、霸权主义等全球性挑战层出不穷,西方资本主义形形色色的制裁、抹黑、攻击等无赖行径此起彼伏。面对风起云涌的国际局势,我们要保持战略定力、发扬斗争精神,坚定维护国家核心利益,坚定站在历史的正确的一边,坚定推动构建人类命运共同体。

打铁必须自身硬,社会革命与自我革命互为表里、相互促进。在唯物辩证法看来,内因是事物发展的根本原因,要带领全国各族人民实现伟大复兴,把中国特色社会主义这场伟大的社会革命进行好,中国共产

党自身必须过硬。但也要清醒地认识到，新形势下中国共产党面临的"四大考验""四种危险"更为尖锐，若要使中国共产党始终成为中国特色社会主义伟大事业的坚强领导核心，在新征程中继续乘风破浪、扬帆远航，必须以更大的力度推进党的自我革命，牢牢掌握历史发展的主动权。

（三）知难而进，迎难而上

恰如习近平总书记所说，我们共产党人的斗争，从来都是奔着矛盾问题、风险挑战去的。要迎难而上解矛盾、化冲突，需要昂扬奋进的斗争精神，掌握科学的斗争方法，坚持正确的斗争方向。

摆正利益天平，昂扬奋进精神。正所谓"天下熙熙，皆为利来；天下攘攘，皆为利往"，"'思想'一旦离开'利益'，就一定会使自己出丑"[①]。无论是社会革命，还是自我革命，都是社会利益格局的重塑和调整，都绕不开一个"利"字。一些党员干部在与矛盾斗争时，做好好先生、和事佬，回避矛盾、拈轻怕重、不敢担当，根本原因是思想认识出了问题，将个人利益置于人民集体利益之上，舍不得当前利益，放不下个人利益。诚然，触动利益比触动灵魂还难，但

---

① 《马克思恩格斯文集》第一卷，人民出版社2009年版，第286页。

我们别无选择。从长远来看,直面矛盾、向阻碍发展的利益症结开刀,事关民族复兴、国家前途,事关党执政兴国的根基。"不私,而天下自公",不谋私利才能谋根本、谋大利。摆正心中"公"与"私"的天平,知难而进、知难而上,才是"迎"的姿态,也终将赢得未来。

树立辩证思维,掌握科学方法。唯物辩证法是中国共产党人认识世界、改造世界的根本方法,矛盾分析法是其核心。第一,坚持用一分为二的观点看问题,全面客观分析矛盾双方,促进矛盾朝着有利的方向转化。抗日战争时期,毛泽东同志辩证分析敌强我弱的军事形势,提出了"敌进我退,敌驻我扰,敌疲我打,敌退我追"的十六字诀,用游击战争实现了"柔弱胜刚强",这正是矛盾转化思维的应用典范。第二,坚持"两点论"与"重点论"相统一,统筹考虑主次矛盾和矛盾的主次方面,抓住问题的关键。干事业不能眉毛胡子一把抓、各方面平均用力,而要分清主次轻重,优先解决主要矛盾,以此带动次要矛盾的解决。中国共产党的百年奋斗正是坚持以社会主要矛盾定位自己的中心任务,在不断解决社会主要矛盾的历史进程中实现民族复兴的历史使命,不断为人类作出更大贡献。第三,坚持把矛盾的普遍性与特殊性相结合,具体问题具体分析，这是马克思主义的活的灵魂。疫情防控如何部署、乡村振兴如何发展、生态环境如何治理等具体工作，都需要把握当时当地的具体环境与条件，提出针对性的对策和方案。中国共产党通过艰辛探索所开辟的中国式现代化道路，博采众长又独树一帜，正是将马克思主义普遍原理与中国具体国情相结合取得的成果。只有以辩证思维武装头脑，运用矛盾分析方法迎难而上，难题才能迎刃而解。

明确斗争目的，坚持正确方向。在与矛盾冲突斗争时，还要注意反对两种斗争的错误倾向。一是反对为了斗争而斗争。斗争只是手段和途径，斗得你死我活、两败俱伤不是目的，解决问题、增进团结、促进发展才是目的，不可本末倒置。我们要在斗争中争取团结，在斗争中谋求合作，在斗争中争取共赢。二是反对为了一己之私而争强斗狠。为一身谋则愚，为天下谋则智。囿于私人矛盾而借题发挥者难成大事，中国共产党人的斗争是为了中华民族伟大复兴而开展的斗争，是为了推动人类和平发展所进行的斗争，这是"上"的方向。

### 三、在危机困难面前敢于挺身而出

"把所有岗位的医生全部换下来，换成谁？换成科室所有的共产党员!""是党员的别躲在后面,关键时刻跟我上!"这是2020年疫情暴发之初在全网刷屏的硬核话语,彰显了共产党人的先锋本色,给疫情中惊慌迷茫的人们吃了定心丸。习近平总书记在统筹推进新冠疫情防控和经济社会发展工作部署会议上指出,关键时刻冲得上去、危难关头豁得出来,才是真正的共产党人。疫情是一场危机,也是一场大考,疫情终将散去,但危机与考验时时伴随。掌握危与机的辩证法是每一个共产党人的斗争必修课,在危机困难面前敢于挺身而出、转危为安、化危为机是每一个共产党人的斗争必答题。

(一)体悟危与机的辩证法

危机的本质是重大矛盾的爆发,矛盾无处不在、无时不有,危机也时刻潜伏在我们身边。但前人早已向我们揭示了危中有机、机中有危,危可转机、机可变危,为我们提供了丰富的辩证智慧与斗争启示,让我们能够直面危机、无惧危机,进而挺身而出、化解危机。

"祸兮福之所倚,福兮祸之所伏",这是中华优秀传统文化的智慧结晶。老子在《道德经》中用寥寥数语阐明了"祸福相依"的道理,道出了危机变化的真谛。顺境时不可得福忘患、乐而忘忧，因为灾祸潜伏于其中，否则就会乐极生悲；逆境时无须悲悲戚戚、萎靡不振，因为福祥潜藏在其中，所谓"塞翁失马，焉知非福"。《易经》记载"君子安而不忘危，存而不忘亡，治而不忘乱"；《史记》有云"因祸为福，转败为功"；《潜夫论》有言"贫生于富，弱生于强，乱生于治，危生于安"……中国古代典籍中处处透露着祸福相依、危机转化的辩证法精髓，这种转化不是神鬼莫测的怪事，而是如日中则移、月满则亏般的"天之常数"。

"没有哪一次巨大的历史灾难不是以历史的进步为补偿的"①，这是唯物辩证法对于重大危机事件的历史洞察。唯物辩证法认为，恩格斯所言的历史灾难与历史进步是一对矛盾统一体，危与机亦然，二者不是绝对对立、毫无关联的，而是相互联系、相互依存的，在一定条件下可以相互转化。比如，20世纪90年代，东欧剧变、苏联解体，社会主义运动在世界陷入低潮，中国的改革开放事业、国际地位遭受巨大冲击，但诚如邓小平同志所说："一些国家出现严重曲折，社会主义好像被削弱了，但人民经受锻炼，从中吸取教训，将促使社会主义向着更加健康的方向发展。"② 经过数

---

① 《马克思恩格斯文集》第十卷，人民出版社2009年版，第665页。
② 《邓小平文选》第三卷，人民出版社1993年版，第383页。

## 第七章　做敢于斗争、善于斗争的战士

十载团结奋斗，中国特色社会主义进入新时代，科学社会主义在中国式现代化进程中不断焕发出新的蓬勃生机，验证了邓小平同志的远见卓识。

"在最坏的可能性上建立我们的政策"①，这是党的优良传统和宝贵经验。毛泽东同志是运用底线思维的大师。1945年党的七大召开，抗战即将胜利，形势一片大好，毛泽东同志却让大家准备吃大亏。他综合分析国内外形势，一口气列举了外国大骂、国内大骂、天灾流行、经济困难等17条困难，得出要"在最坏的可能性上建立我们的政策"的结论，为我们夺取全国性胜利赢得了历史主动。习近平总书记也是运用底线思维的行家里手。党的十八大以来，习近平总书记多次强调，要强化底线思维和危机意识。在学习贯彻党的十九大精神专题研讨班开班式上，他更是列举了8个方面、16个具体风险。2022年党的二十大召开，全面建设社会主义现代化国家的新征程前途光明、大有可为，我们满怀信心、斗志昂扬，但在大会报告中，"安全"一词出现了91次之多，远高于党的历次大会报告，并将"国家安全"单独论述，体现了新征程上更为强烈的忧患意识，为我们防范化解危机、赢得更

---

① 《毛泽东文集》第三卷，人民出版社1996年版，第388页。

大胜利做了充分的先手准备。

（二）把握复兴进程的危机与困难

习近平总书记强调，"我们越发展壮大，遇到的阻力和压力就会越大，面临的外部风险就会越多"[①]。搞清楚在民族复兴进程中存在着以及潜伏着哪些危机困难，是我们危难关头挺身而出的前提条件。

为此，我们要心怀国之大者，从大局出发把握中华民族伟大复兴历史进程的机遇与挑战，辩证分析我们的优势与短板，科学预判未来发展走势，从而掌握历史主动，在斗争中作出最有利于民族复兴大业的战略抉择，这是同危难作斗争的思维格局。

比如，既要看到新中国成立以来，特别是改革开放以来，我们创造了"两大奇迹"、取得了举世瞩目的伟大成就，用几十年的时间走过了发达国家几百年走过的历程，成绩斐然；也要看到在成绩之下还存在着城乡发展不平衡、教育资源不均、住房问题、医疗问题、环境污染与生态保护问题等等，几百年工业化历程中的重重社会矛盾也在几十年的时空中被压缩积聚并可能集中爆发。因此，我们要安不忘虞。

---

① 中共中央党史和文献研究院编：《习近平关于防范风险挑战、应对突发事件论述摘编》，中央文献出版社2020年版，第4页。

## 第七章 做敢于斗争、善于斗争的战士

又比如,既要看到我国已经从"东亚病夫"成长为世界大国,是"东升西降"百年变局的重要增长极,是世界经济的重要发动机和稳定器,在新冠疫情的全球大考中取得了优异成绩,日新月异;也要看到在世界格局变动中的"反作用力"持续扩大,"西强东弱"的国力差距仍然存在,我国发展的外部环境不稳定性、不确定性更为突出,以美国为代表的西方国家正在经济领域、意识形态领域、军事领域等各个领域采取如经济制裁、"卡脖子"战术、"低级红"和"高级黑"宣传等种种方式来阻碍我国的复兴进程。因此,我们要知难而进。

再比如,既要看到中国共产党在精准脱贫攻坚战中团结带领中国人民使现行标准下9899万农村贫困人口全部脱贫,在中华大地上全面建成了小康社会;在疫情防控攻坚战中坚持生命至上、科学防控,让人民安全得到了最大限度的保护;在污染防治攻坚战中部署了蓝天、碧水、净土等十一个方面的生态保护工作,美丽中国建设迈出了重大步伐;广大党员在基层社区防疫、河南抗洪救援、甘孜抗震救灾等战役打响时挺身而出,战斗在第一线,"艰难困苦,玉汝于成"。也要看到党的自我革命攻坚战仍在路上,一些党员干部还存在得"软骨病"、患"无能症"、做"两面派"的

现象，滋生不正之风和腐败现象的土壤仍然存在。因此，我们道阻且长，行则将至。

（三）挺身而出，化危为机

新征程上，虽然机遇与挑战并存，但危机并存、危中有机、危可转机。要在危难关头挺身而出、化危为机，不仅要心怀国之大者，还要目光向下，从小处着眼，把握好自己所在领域内的机遇与挑战，坚持底线思维，锻造过硬本领，兼备"虎气""猴气"，修好内功，这是同危机困难作斗争的责任担当。

坚持底线思维，打好防范风险的有准备之战。一方面，我们要常怀忧患意识，"在最坏的可能性上建立我们的政策"。所谓"不困在于早虑，不穷在于早豫"，党员干部都要充分考虑自己所在岗位上可能出现的经济危机、舆论危机、信任危机、安全事故等，尽早发现隐患风险，补足短板漏洞，做好应急预案，守好防范风险的"责任田"，不做承平之日"温水里的青蛙"。另一方面，我们要具有战略眼光，从全局和长远的高度洞察事物发展的趋势。所谓"祸几始作，当杜其萌"，如果能够见微知著，在危机爆发、困境形成之前将风险苗头扼杀在摇篮里，这是最好不过的。中医主张"上医治未病"，同危机的斗争也要运用以防为

## 第七章 做敢于斗争、善于斗争的战士

主的智慧,而不是等到事情发展到"病入膏肓"的程度时再"病急乱投医"。防事之未萌,避难于无形,是化危为机的大智良策。

锻造过硬本领,打好化险为夷、转危为机的战略主动战。危机的存在和爆发是客观的,但这并不意味着只能坐以待毙,我们可以发挥主观能动性,挺身而出,化危为机。挺身而出的底气源于过硬的专业本领,源于对自己所在领域的钻研学习与实践经验。只有成为本专业的行家里手,才能有化险为夷、化难为易的真本事;只有在攻坚克难中经历风雨、强壮筋骨,才能不断超越自己,进一步提升专业能力。挺身而出的勇气源于扎实的理论素养,源于对马克思主义科学理论的信仰与信心。只有补足精神上的"钙",才能在真刀真枪的斗争中拥有坚定的意志,激发强大的战斗力;只有将科学理论和方法在斗争中实践、应用,才能融会贯通,进一步强化自己转危为安、化危为机的应变能力。本领高强是敢于担当作为、打好主动战的关键要素。

兼备"虎气""猴气",在危机中育新机,于变局中开新局。毛泽东同志是敢于斗争、善于斗争、乐于斗争的战士,他曾评价自己有七分虎气、三分猴气,这为我们迎接新挑战、开展新斗争提供了重要启迪。"虎气"不是乱拳出击、暴虎冯河,而是在与危难斗争

时勇猛豪迈、无所畏惧、一往无前的魄力，要求我们坚持原则性，在风云变幻中保持战略定力，牢记国之大者，锚定战略目标；"猴气"不是油头滑脑、猴头猴脑，而是在与危难斗争时灵活机动、收放自如、不拘一格的智慧，要求我们坚持灵活性，在逆境困局中激发策略活力，主动出击、抓住机遇、顺势而为，促进变局发生，从而抢占先机，牢牢掌握斗争主动权。在危机困难面前挺身而出需要二者兼备，坚持原则性与灵活性的统一，才能有勇有谋，在斗争中临危不惧、临难不避，趋利避害、化危为机。

## 四、在歪风邪气面前敢于坚决斗争

南宋政治家文天祥曾因叛徒出卖而被囚于狱中，但他没有一蹶不振、郁郁寡欢，而是在狱中写下了气壮山河、斗志昂扬的《正气歌》。诗中写道，虽然身处牢狱、环境恶劣，八尺的土屋里汇集了水气、土气、日气、火气、米气、人气、秽气这"七气"，但"'吾善养吾浩然之气。'彼气有七，吾气有一，以一敌七，吾何患焉"。也就是说，养浩然正气可以抵御各种歪风邪气的侵袭。千百年后，中国共产党人所面临的执政环境更为复杂，各种歪风邪气层出不穷，更要涵养一身正气,以"乱云飞渡仍从容"的政治定力在歪风邪气面前作坚决斗争。

(一)邪不压正,祛邪扶正

党风问题关系执政党的生死存亡。中国共产党已经走过了百年征程,要永葆生机勃勃、风华正茂的精气神,避免疾病缠身、老态龙钟,必须祛除"四风"病邪,扶正党的优良作风,营造良好的政治生态。

能否抵御歪风邪气的侵蚀,事关党的执政基础。党的作风就是党的形象,是观察人心向背的晴雨表。人民群众对党的深刻印象,不是来自媒体报道,而是来自与党员、与党的机关干部打交道的真实经历。一些党员干部在工作中"走过场"、摆官架子、独断专行,在生活中以权谋私、奢靡浪费、腐化堕落,离群众越来越远甚至将群众诉求拒之门外,这样的害群之马对群众心中党的形象损害极大。密切联系群众是党最大的政治优势,脱离群众是党面临的最大危险,人民性是党最鲜明的底色,如果权不为民所用,就背离了最基本的党性,失去了最广大的群众基础,正如习近平总书记所批评的那样,"心中没有群众,就不配再做共产党员"[1]。

---

[1] 习近平:《之江新语》,浙江人民出版社2007年版,第139页。

能否抵御歪风邪气的侵蚀，事关党的先进性和纯洁性。先进性和纯洁性是马克思主义政党的本质属性。"四风"在现实中有多种表现形式，比如搞"政绩工程"、搞"一言堂"、拉帮结派、懒政怠政、弄虚作假、花天酒地等等，凡此种种都与思想先进、政治纯洁的党性要求背道而驰，消解的是党的战斗力和凝聚力。只有与"四风"等歪风邪气作坚决斗争，树立理论联系实际、密切联系群众以及批评与自我批评的优良作风，做到不忘初心、牢记使命，谦虚谨慎、艰苦奋斗，敢于斗争、善于斗争，才能永葆党的先进性和纯洁性，永葆旺盛生命力和强大战斗力，才能确保党始终成为中国特色社会主义的坚强领导核心。

能否抵御歪风邪气的侵蚀，事关党的奋斗目标。满足人民对美好生活的向往是党的奋斗目标。歪风邪气不仅体现为党内的"四风"，还体现为炫富、躺平、找关系、托人情、崇洋媚外、大操大办、铺张浪费等社会风气，消解主流意识形态，制造对立摩擦，影响人民内部的团结和谐，干扰民族复兴的历史进程。斩断歪风邪气既是民心所向，也是现实所需，和谐良好的社会氛围是中国共产党实现奋斗目标的题中应有之义，而端正民风、社风的关键又在于端正党风。

第七章　做敢于斗争、善于斗争的战士

## （二）百年党史是一部祛邪扶正的历史

中国共产党是在与各种"歪风"的斗争中成长壮大起来的，不同历史时期斗争的内容各有侧重，但党的作风建设贯穿其中。

新民主主义革命时期，"左"倾教条主义的"歪风"最盛。井冈山时期，尽管毛泽东同志成功开辟了新路，建立了井冈山革命根据地，但受教条主义思潮的影响，党中央和共产国际认为毛泽东同志在根据地没有执行消灭土豪劣绅的政策，违背了社会主义，甚至决定开除其临时中央政治局候补委员的职务。中央苏区后期，受王明控制的临时中央不断排挤、边缘化毛泽东同志，无视他提出的经过实践检验的正确主张，"左"倾教条主义愈演愈烈，根据地经济凋敝、人心惶惶；博古、李德等人军事上的"左"倾冒险主义直接导致了第五次反"围剿"的失败，中国共产党人"被迫长征"。"左"倾教条主义错误与实事求是正确思想路线之间的斗争贯穿于惊险艰辛的两万五千里长征，直至遵义会议才得以辨明。对党内各种"歪风"进行彻底的清算，是在延安整风运动中进行的。在此期间，毛泽东同志先后作了《改造我们的学习》《整顿党的作风》

《反对党八股》的报告和讲演，以反对主观主义、宗派主义和党八股。党的七大正式将理论和实践相结合的作风同与人民群众紧密地联系在一起的作风、自我批评的作风确定为党的三大优良作风，这是党的作风建设史上的重要里程碑。

社会主义革命与建设时期，官僚主义、贪污腐败的"歪风"最盛。此时，拿枪的敌人已经被消灭了，但不拿枪的敌人仍然存在，我们党成了执掌全国政权的大党，党面临的危险从公开的、外部的，转变为潜藏的、内部的。最具代表性的就是"刘青山、张子善案件"，曾经在枪林弹雨中无所畏惧、出生入死的革命英雄，却在糖衣炮弹的诱惑下腐化成了人民公敌、大贪污犯。这一时期的作风建设集中体现在整风运动、整党运动、"三反""五反"运动中。

尽管在"文化大革命"期间党实事求是的思想作风和为人民服务的工作作风受到了严重破坏，但在历次党的文件中，仍然可以看到对三大优良作风的强调，表明党的作风建设在曲折中仍在继续。

改革开放与社会主义建设新时期，党的作风建设逐步完善。一场真理标准问题的大讨论将教条主义、个人崇拜等歪风邪气祛除，解放思想、实事求是的正确思想作风得以恢复并占据主导，在改革开放的实践中不断巩固。诚如邓小平同志所说,把窗户打开,新鲜空气进来了,苍蝇蚊子也进来了。一些干部在资产阶级腐朽思想的侵蚀下行贿受贿、买官卖官、弄权渎职,拜金主义、享乐主义盛行。与此同时,党内家长制作风、官僚主义等封建残余思想仍在作祟,并与新出现的不良作风相互勾结,威胁群众利益,危害党内生态。这一时期的作风建设逐渐完善,朝着体系化的方向发展,出台了一系列规范党风党纪的法规条例,为党的作风建设提供了长效化的制度保障。

进入中国特色社会主义新时代,党的作风建设继续深化拓展。新形势下党面临的"四大考验""四种危险"更加尖锐,党中央坚持以钉钉子精神纠治"四风",出台"八项规定",开展"三严三实"专题教育、"不忘初心、牢记使命"主题教育、党史学习教育活动,下大力气整治发生在人民群众身边的、人民群众反映强烈的腐败问题和作风问题,严重污染党内政治生态的歪风邪气得到肃清,多年未除的顽瘴痼疾得到纠治,反腐败斗争取得压倒性胜利并全面巩固,党的作风、党在人民群众心中的形象焕然一新。党的二十大指出,新时代十年来,风清气正的党内政治生态不断形成和发展,确保党永远不变质、不变色、不变味。

## （三）坚决斗争，养浩然正气

强化党性修养，养浩然正气。作风问题的本质是党性问题。强化党性，首先要抓思想教育，修好"心学"，固本培元。用马克思主义的科学立场、观点、方法来端正"三观"，用坚定的理想信念炼就"金刚不坏之身"，用一身浩然正气振奋斗争精神，抵御各种歪风邪气的入侵。党性"心学"的修炼，关键是做到知行合一，要在政治实践中经受考验、磨炼党性，以党性立身做事。一方面要"慎独"，无论是在公开场合还是个人独处时，都能以党性自我管理、自我警醒、坚持原则、守住底线；另一方面要"慎初慎微"，作风问题往往是从吃吃喝喝的小事开始的，歪风邪气的种子逐渐滋生蔓延，发展为危害群众利益、危害党内政治生态的大事，因此，对于所谓的"小事""小节"，要保持警觉，"勿以恶小而为之"，牢记"千里之堤，毁于蚁穴"的深刻教训。

抓住关键少数，树浩然正气。"子帅以正，孰敢不正？"2012年，为了改进党的作风，党中央出台了"八项规定"，习近平总书记承诺，党风廉政建设，要从领导干部做起，领导干部首先要从中央领导做起。2022年，党的二十大闭幕后第三天，新一届中央政治局第一次会议就审议了《中共中央政治局贯彻落实中

## 第七章　做敢于斗争、善于斗争的战士

央八项规定实施细则》。十年浴火淬炼,"八项规定"能够在实践中取得显著成效,成为作风建设的"金色名片",关键就在于中央领导率先垂范,以上率下树起廉政新风。不仅纠治"四风"如此,与各种歪风邪气的斗争也是如此,领导干部作为"关键少数"要主动担当、身先士卒,坚决反对并制止"一团和气""两面人""唱反调"等歪风邪气,发挥榜样示范作用,带动党风、民风向上向善。

落实制度保障,固浩然正气。党的作风建设非一日之功,正如习近平总书记所说,"一些不良作风像割韭菜一样,割了一茬长一茬"①,可见不良作风具有顽固性和反复性,这要求我们着眼根本,从制度上整治作风问题,区别于革命时期的运动式整风,将作风建设常态化、长效化。因此,要以党章为根本,完善党内法规制度体系,健全预防和惩治腐败、选人用人、责任落实、监督保障等方方面面的制度,铲除滋长不良作风、歪风邪气的土壤,以铁的纪律约束党员干部的行为。只有扎紧制度的铁笼子,才能走出作风问题抓一抓就好转、松一松就反弹的怪圈,用科学长效的制度保障健康的政治生态,守卫良好作风的生成土壤。

---

① 习近平:《在党的群众路线教育实践活动总结大会上的讲话》,《人民日报》2014年10月9日。

# 后 记

"旧年钟声入新年,爆竹阵阵岁经添。"春节将至,爆竹声时常从远处传来,奏响春节团圆欢庆的前曲。闹市繁华、人声鼎沸、车马不绝、游子归家、除旧布新、亲友欢聚,构成春节前的社会生活图景。春节是中华儿女家国情怀的生动表达,无数离家在外的中华儿女也陆续踏上回家、回国的旅程,家与国是中华儿女心中最真挚、最温暖、最深厚的情感。这种情感是中华民族绵绵不绝、生生不息、欣欣向荣的内在驱动力量,激发一代代中华儿女为保家卫国而英勇斗争,谱写了一个又一个生动感人的斗争故事。我们不懈斗争的最根本愿景就是国家富强、民族振兴、人民幸福,换而言之就是让中国千千万万个家庭更加美好幸福,让祖国更加繁荣兴盛。

历史长河波澜壮阔,一代又一代中华儿女用不懈斗争创造了今天的中国。今天的中国取得了举世瞩目的伟大成就,与此同时,今天的中国也面临着具有许多新的历史特点的伟大斗争。我们依然需要有一往无前、披荆

## 后 记

斩棘、英勇无畏、顽强拼搏的斗争精神，让明天的中国更加美好！斗争精神是中华民族内在的精神特质，是中华民族历经重重磨难、坎坷与战争而又始终团结统一的精神力量。这本书的意义就在于激发人们的斗争精神，增强人们的志气、骨气、底气，引导人们从中国共产党带领人民不懈斗争的历史实践中领悟今天的中国为何要继续弘扬斗争精神，读懂我们"为何斗争""斗争什么""如何斗争"等根本问题，从而让人们继续保持昂扬的斗争姿态，做到不信邪、不怕鬼、不怕压，时刻准备进行具有许多新的历史特点的伟大斗争！

春节是中华优秀传统文化的重要承载，凝聚着中华儿女的生命追求和情感寄托，蕴含着中华儿女对新一年的热切期盼和美好祝福。在春节即将到来之际，祝福我的祖国繁荣昌盛、山河无恙、国泰民安、蒸蒸日上！祝福每个中华儿女平安喜乐、阖家幸福、吉祥如意、皆得所愿！

最后，博士生邓海龙、郑志康、刘映芳、李钰阳、陈芝宇、殷一榕同学在本书撰写过程中参与了资料收集、提纲讨论、文字校对等工作，非常感谢！

壬寅年冬月
徐国亮于泉城澄风斋

图书在版编目(CIP)数据

斗争精神 / 徐国亮著. — 北京：商务印书馆, 2023
（道理学理哲理·党的创新理论研究阐释丛书 / 董振华主编）
ISBN 978-7-100-22291-4

Ⅰ. ①斗… Ⅱ. ①徐… Ⅲ. ①中国共产党—党员—思想政治教育—研究 Ⅳ. ①D261.42

中国国家版本馆CIP数据核字（2023）第062117号

权利保留，侵权必究。

道理学理哲理·党的创新理论研究阐释丛书
**斗争精神**
徐国亮 著

商 务 印 书 馆 出 版
（北京王府井大街36号 邮政编码100710）
商 务 印 书 馆 发 行
北京通州皇家印刷厂印刷
ISBN 978-7-100-22291-4

2023年4月第1版 开本 850×1168 1/32
2023年4月北京第1次印刷 印张 7¾
定价：49.00元